Was bleibt ist Erinnerung

wie es war

Was bleibt ist Erinnerung

wie es war

Katharina Kraemer

Bibliografische Information der Deutschen
Nationalbibliothek: Die Deutsche Nationalbibliothek verzeichnet diese Publikation in
der Deutschen Nationalbibliografie; detaillierte bibliografische Daten sind im Internet über
www.dnb.de abrufbar.

ISBN 978-3-7460-8261-5

Eines Tages wird sich finden,
was sich sucht, was wirklich ist,
werden Lebenslinien sich verbinden,
wird ihm geschenkt, was er vermisst.

So kann er hoffen, glauben, sehen,
seinen Weg aufrecht zu Ende gehen;
im Vertrauen auf sein eigenes Ich,
wird sein Inneres nun äußerlich.

Die unsichtbare Hand

»Guten Morgen, Rainer!«

Er schrak hoch. Was war das? Wer rief da seinen Namen? Woher kam diese Stimme? Woher kannte sie seinen Namen? Wer oder was konnte das sein? Was war das? Eine Illusion, ein Traum, der in seine Stille platzte? Er hielt einen Moment inne.

Einen Augenblick lang dachte er, seine Sinne hätten ihm einen Streich gespielt. Da war wieder diese Stimme, eindringlicher und lauter als zuvor: »Hallo, Rainer!«

Es hätte seine eigene Stimme sein können, der Tonfall war gleich. Er hatte doch nichts gesagt! Was sollte das sein? Eines der Trugbilder, die einen in der Stille schon mal erfassen? Rainer wagte nicht, sich zu rühren, ein flaues Gefühl breitete sich in der Magengegend aus. Seine Zunge schien staubig und trocken am Gaumen festzukleben. Alles ihn ihm war zum Zerreißen gespannt und er wusste nicht, was er tun sollte. Langsam fühlte er wieder Leben in den Gliedern, die vor Anspannung steif geworden waren, und blickte sich in seinem Zimmer um. Nichts! Nichts deutete darauf hin, dass etwas in diesem Raum anders war, als noch vor wenigen Minuten. Da richtete diese Stimme abermals das Wort an ihn: »Rainer, es ist wichtig! Höre mich an!«

»Wer ist da? Woher weißt du meinen Namen? Was willst du von mir?«, stammelte er ängstlich und neugierig zugleich.

»Ich bin es. Dein Ich.« Jetzt verstand er noch weniger, was hier vor sich ging. »Ich bin dein Ich und ich muss mit dir reden. Ich weiß, dass es für dich schwer ist, mit jemandem zu reden, den du nicht zu kennen glaubst. Vielleicht lernen wir uns noch richtig kennen.«

»Was willst du von mir?« Rainer begriff immer noch nicht. Träume ich, oder ist das tatsächlich wahr, was hier passiert? Da redete jemand, der sein ›Ich‹ sein wollte und den er nicht sehen oder fassen konnte. Das war ihm zu hoch! Plötzlich spürte er eine Hand auf seiner Schulter. Zögernd wandte er den Kopf – nichts! Was sollte das alles? Die Stimme schien ebenso wahrhaftig wie die Hand, die seine Schulter berührte.

»Es ist für uns wichtig, mich dir begreiflich zu machen. Es kann für uns beide eine neue Erfahrung werden, neue Wege und Erkenntnisse aufzeigen und das Leben aus einem anderen Licht erscheinen lassen«, hörte er die

Stimme sagen. »Rainer, ich weiß um dich, deine Ängste und Unsicherheiten. Du glaubst, dass es wenig Grund gibt, mit dir und deinem Leben glücklich sein zu können. Du gehst deinen Weg, und es ist Zeit, dass dir klar wird, was du willst.«

»Wer bist du? Was soll das alles?« Rainer wollte nicht glauben, dass die Stimme seinem Ich gehören sollte. Was waren das für Worte? Er hatte das Gefühl, dieser Stimme vertrauen zu können, andererseits hatte er unbändige Angst. Es dauerte nicht lange, da gewöhnte er sich an die Existenz der Hand und an den unwirklichen Klang der Stimme, die auf ihn einredete. Er hätte sich ihr auch nicht zu entziehen gewusst. Neugierig hörte er der unsichtbaren Stimme zu. Was wusste sie, was er nicht wissen konnte?

»Habe Geduld, du wirst es noch erfahren. Es ist seltsam für dich, was im Augenblick passiert. Du willst mich nicht wahrhaben, weil ich für dich nicht sichtbar und fremd bin. Vertraue auf dich, auf dein Ich, das mit diesen Worten zu dir spricht.«

Rainer sah fragend in die Richtung, aus der die Worte zu ihm drangen, während die Hand ihren Platz auf seiner Schulter nicht verließ, und lehnte sich misstrauisch in seinem Stuhl zurück. »Wie kann ich glauben, was es nicht geben kann?«

»Wenn du davon überzeugt bist, dass es wahr ist? Warum nicht? Nenne mir einen plausiblen Grund! Du glaubst nicht, dass du es kannst? Das ist Unsinn. Nicht immer werden deine Entscheidungen richtig sein, aber es sind deine, und das zählt. Und nicht alle deine Wege werden in eine Sackgasse führen. Mit Niederlagen wirst du zurechtkommen, wenn nicht sofort, dann später.Das ist das Wesentliche.« Die Stimme war mit jedem Wort h eftiger und lauter geworden und die mysteriöse Hand schien sich noch fester auf seine Schulter zu legen.

»Was ist richtig? Wohin führt mein Weg?«, stammelte Rainer verunsichert.

»Du wirst es wissen, wenn es so weit ist«, kam die wenig befriedigende Antwort.

»Du hast gut Reden! Wie soll ich herausbekommen, was richtig ist, wenn es nichts gibt, woran ich mich halten kann?« Was wollte diese Stimme von ihm? Und dann die geheimnisvollen Antworten.

»Und du meinst, das wird so bleiben? Das glaubst du doch nicht! Du musst anfangen, dich zu akzeptieren. Nicht immer wird dein Weg gelingen, gleichmäßig geradeaus, ohne Tücken, die an der nächsten Ecke auf dich warten.«

Rainer begann diese bizarre Unterhaltung zu gefallen. Er hoffte, von dieser gespenstischen Stimme Antworten auf die vielen Fragen zu erhalten, die ihn quälten. Seine Wünsche waren nie ernst genommen worden – am wenigsten von ihm selbst. Was ist mein Weg? Was ist mein Leben? Wer bin ich überhaupt?

»Du kommst den Antworten bald näher«, wandte die unsichtbare Hand ein. »Ein Weg ist die Niederschrift der Fragen und der Versuch, eine Lösung darauf zu finden. Lebe dein eigenes Leben und trage die Konsequenzen aus den Erfolgen wie den Enttäuschungen. Sie sind dein Werk, dein Weg und dein Streben. Es geht um dich, um deine eigene Anschauung, deine Vorstellungen. Die Meinung anderer ist nicht wichtig, sie darf dich nicht beherrschen. Wenn sie dich führt und lenkt, ohne dass es dir möglich ist, eine eigene Denkweise zu entwickeln, dann bist du ausgeliefert und unfrei und kannst nie deinen eigenen Weg gehen. Dann ... dann bist du zwar ein angenehmer Zeitgenosse, ein Steigbügelhalter,

Sklave und Fußabtreter. Und wo bleiben deine eigenen Chancen und Entwicklungsmöglichkeiten, Ziele und Wünsche?«

»Ich kann nicht!«

Rainer hatte es gern ruhig um sich, wo es kaum Unwägbarkeiten gab. Woher hatte diese Stimme bloß all diese Weisheiten? Er schüttelte unwillkürlich den Kopf.

»Du traust dich nicht! Du willst keinen Streit oder Auseinandersetzungen, keine Konflikte. Das ist absurd und utopisch. Du steckst immer in Konflikten, sei es in dir oder in der Gesellschaft, von der du ein Teil bist. In der Auseinandersetzung mit dir und deiner Umwelt erreichst du den Platz, der für dich freigehalten wird. Wenn du ihn nicht einnimmst, nimmt ihn sich der, dessen Steigbügel du zuvor gehalten hast. Er reitet auf deinem Weg davon und du hechelst hinterher, bis dir die Puste ausgeht.«

»Ich kann doch nicht ...!«

»Du willst niemandem wehtun, die ganze Zeit praktizierst du seelischen Masochismus. Ich kann mir nicht vorstellen, dass du Spaß daran hast. Du denkst, das Leben sei zu schwer und ernst und es gäbe kaum Grund zu Freude und Zufriedenheit, und niemand würde deine Erfolge anerkennen. Du bist es, der deine Fortschritte nicht sehen will. Manchmal mag das stimmen, dass dir etwas misslingt, aber nach Regenzeiten kommen Sonnenstrahlen in deinem Leben an. Du musst nur fest daran glauben.«

Die unsichtbare, unheimliche Stimme war heftiger geworden. Rainer wurde das Gefühl nicht los, sie schon ewig zu kennen, trotzdem war sie ihm fremd. Er hätte gern mehr über sie gewusst! »Das Leben ist ein einziger Kampf«, fuhr die Stimme fort. »Es ist nicht, dass du immer der Verlierer sein musst. Es gibt zwei Seiten, mal stehst du auf der einen, mal auf der anderen. Jeder Standpunkt kann dir nützen, du musst deine Chancen nur erkennen. Wenn du zu viel auf andere hörst, statt deiner eigenen Stimme zu folgen, wirst du zu einer Marionette, die ihren vorbestimmten Platz nicht ohne Einwilligung anderer verlassen kann.«

Rainer wusste zu gut, dass es ihm unmöglich war, zu tun, was auf Kritik stoßen konnte. Er sagte meist Ja zu den Dingen, die andere von ihm wollten. Und wenn er getan hatte, was er wollte, plagte ihn ein schlechtes Gewissen.

»Du hast ein schlechtes Gewissen, weil du

Nein gesagt hast oder deinen eigenen Weg gegangen bist! Ist das dein Ernst?«, entrüstete sich die Stimme. »Du hast verweigert, was man von dir erwartet hat, weil du es nicht wolltest! Was soll daran schlimm sein? Es ist wichtig, dass du sagst, wenn dir etwas nicht gefällt, weil der andere es nicht ahnen kann. Du siehst, du lebst noch und gerade taucht der erste Sonnenstrahl zwischen den Wolken auf. Nein, davon geht die Welt nicht unter. O. k. Dabei hast du nur das getan, was du für richtig gehalten hast. Ich finde es mutig von dir ... Ach, du weißt nicht, ob es richtig war. Wie kann es falsch sein, wenn du es wolltest? Außerdem steht nicht fest, dass die anderen immer richtig handeln.«

»Aber was ist dann recht?«, fragte sich Rainer. »Wann weiß ich, dass ich recht habe und mein Weg richtig ist?«

»Richtig ist, was weder dir noch anderen Menschen schadet«, antwortete die Stimme. »Jeder Weg kann in die richtige Richtung führen. Dein Schritt kann mal in die Irre gehen, davon geht die Welt nicht unter. Wenn du dich nur danach richtest, was die anderen sagen, findest du nie zu einem eigenen Stil. Und glücklich wirst du damit auch nicht. Du hast

Angst, Fehler zu machen. Jeder muss seine eigenen Fehler machen. Die Ansichten anderer sind wichtig, können dich dazu bewegen, es ebenso zu machen. Das Beste ist, die Meinungen anderer kritisch zu betrachten und mit der eigenen Einstellung zu vergleichen. Und was dir zusagt, verbindest du mit deinen eigenen Gedanken und findest zu einer befriedigenden Lösung von Konflikten und Unsicherheiten. Es ist dein Leben und du bist verantwortlich! Und keiner kann dir vorschreiben, was du zu denken und zu fühlen hast. Deine Meinungen unterliegen nur deiner eigenen Zensur. Wenn du eine Entscheidung getroffen hast, solltest du sie mit Nachdruck vertreten. Es kann sein, dass du mal danebenliegst. Dann scheue nicht, deine Meinung zu revidieren. Seine Meinung zu ändern, ist genauso wenig falsch, wie seine Meinung zu behalten.«

Rainer verstand langsam, worauf sein Ich hinaus wollte. Bisher hatte er nicht den Mut gehabt, sich zu widersetzen, wenn er mit etwas nicht einverstanden war.

»Du musst nur fest daran glauben. Wir können Freunde sein, die miteinander leben, und nicht Feinde, die gegeneinander kämpfen. Es gibt vieles, was du nicht richtig interpretierst.

Ich weiß, du hast Angst, in den Spiegel zu schauen, aber es hilft nicht, die Augen zu verschließen, damit grenzt du dich vor dir aus. Und außerdem ist unser Gespräch der erste Schritt in die Richtung.«

»Welche Richtung meinst du? Was willst du überhaupt von mir?« Schritt für Schritt vertiefte sich dieses ungewöhnliche Streitgespräch, dessen Sinn ihm unklar war. Er nahm sie als einen Teil seines Lebens wahr, von dem niemand erfuhr.

»Ich mache dir einen Vorschlag. Wenn du bereit bist, dich auf mich einzulassen und mir zu vertrauen, dann helfe ich dir, deinen Weg zu finden. Und all dies kann bedeuten, dass du zu dir findest und deine Einstellung dir gegenüber korrigierst. Du wirst es richtig machen, es kann nichts schief gehen. Du kannst deine Gegenwart ändern und deine Zukunft gestalten. Wenn du dich mit deinen guten Anlagen vertraut machst, wird es dir weniger Mühe machen, deine Fehler zu akzeptieren und eventuell zu beseitigen.«

»Wer bin ich., was kann ich denn?« Ein dicker Kloß legte sich auf seine Stimmbänder.

»Ach so, du siehst deine guten Seiten nicht. Öffne deine Augen und versuche, dich mit den Augen eines neutralen Beobachters zu sehen. Mache dir deinen Lebenslauf klar, schreibe ihn, wenn nötig, auf. Füge alles bei, an das du dich erinnern kannst. Achte darauf, dass es in erster Linie Erfolge sind, und konzentriere dich darauf. Lass das andere erst mal weg. Darum kümmerst du dich später. Dir fällt nichts ein? Dann lass dir Zeit und lenke deine Gedanken nicht in die dunklen Ecken des Zimmers. Du erkennst mit der Zeit, dass du viel Gutes und Schönes erlebt hast; Dinge, die von Bedeutung waren; Dinge, die dir in der Sorge entfielen, obwohl sie viel Schönes geboten haben; Dinge, die lobend erwähnt wurden, du hast nicht hingehört. Und jetzt versuchst du, alles mit ungünstigen Attributen zu belegen. Sie haben dich geleitet, geformt und geprägt. Und es ist da und wartet darauf, von dir entdeckt zu werden.«

Dunkel und still war es um ihn geworden, so dass Rainer die Gitarre in seinen Händen nur tasten konnte. Zaghaft spielte er eine Saite an. Der Ton hallte suchend in die Stille der Nacht. Wie ein ferner Donnerschlag breitete er sich aus, ebenso wie die Erinnerung an die Begegnung mit dieser unsichtbaren Stimme. Er fühlte sich hin und her gerissen zwischen

Angst und Unsicherheit. Dieser unerwartete Besuch hatte ihn total aufgewühlt. Nichts mehr war, wie es bis dahin gewesen war. Und seine Gitarre spielte sich plötzlich anders. Die Töne, die sich unter seinen Händen zusammenfanden, drangen wie ein Flehen an sein Ohr. Konnte und durfte er dieser Stimme trauen? Welchen Sinn hatte das alles? Rainer fühlte sich befremdet und gleichzeitig angezogen. Wer war diese Stimme? Wer war er? War er noch der, den er zu kennen glaubte, wenn seine Gitarre mit einem Mal eine andere zu sein schien? Und wieder schien ihm der Ton ein anderer, obwohl er die gleichen Saiten angespielt hatte. Was war in ihn gefahren? Warum fühlte er sich so seltsam berührt von dieser Stimme, die er nicht fassen konnte? Was wollte sie von ihm?

Vieles kam ihm in den Sinn, das er zuvor vernommen hatte. Manches davon leuchtete ihm ein, anderes verwirrte ihn. Und dann diese Bilder, die er kaum zu deuten wusste. Er fühlte sich ohnmächtig dieser Stimme ausgeliefert, die sich unvermittelt in seine Welt eingemischt hatte. Sie machte ihm Angst, weil sie mehr von ihm wusste als er. Vielleicht war das eine Chance für ihn, hoffte er. Langsam beruhigte er sich und seine Gedanken wanderten nicht mehr ziellos umher. Die Gitarre gab ihm Halt. Ihre Melodien fügten sich wie ein Regenbogen in eine aufgerissene Wolkendecke.

Mit unendlicher Sehnsucht bahnte sie sich ihren Weg. Ein Ton fand den nächsten, wie eine Frage auf die nächste folgte, auf der Suche nach der passenden Antwort. Er hatte keinen Einfluss auf die Tonfolge, sie entglitt ihm, ohne sie erdacht zu haben. Und doch trieb ihn der Gedanke vorwärts, diese Melodie zu vollenden. Nie zuvor hatte er Derartiges gespielt. Es klang nach Sehnsucht, fordernd, fragend und suchend. Rainer ließ sich in diese Melodien fallen und folgte ihnen ängstlich und gleichzeitig erwartungsvoll. Er sah sich am Meer sitzen, in den Händen seine Gitarre, deren Töne über die Wellen hinweg ihren Weg suchten. Sein Blick schweifte über das Wasser, das ruhig in der Sonne lag. Gleißende Lichter blitzten auf den Schaum gekrönten Wellen, die anmutig im leisen Wind ihren Weg an den Strand fanden. Dieses Bild trug er in sich, ein Traum, den er gerne Wirklichkeit werden lassen wollte. Rainer vermochte nicht, es festzuhalten., es entglitt ihm. Er hatte zwar die Illusion dieses friedlichen Bildes, doch in seiner

Seele tobte die See. Wie ein Orkan überrannte der Sturm der Gezeiten den feinen Strand, der stetig in den Wassern versank. Schäumende Gischt prallte an den nackten Felsen empor, die eben noch mit weichem Sand bedeckt gewesen waren. Der Zwiespalt seiner Gefühle ließ Rainer niedergeschlagen und traurig zurück.

»Rainer, das muss kein Traum, keine Illusion bleiben. Du kannst diese Harmonie erleben, wenn du dich selbst gefunden hast.«

»Wer bist du, dass du auf alles eine Antwort hast?«, fragte Rainer in die finstere Nacht hinein.

»Es wird die Zeit kommen, dass du verstehst, was ich meine. Du musst Geduld haben.«

Rainer ließ seine Gitarre klingen. Es behagte ihm nicht, dass sie in Metaphern zu ihm sprach, die er nicht verstand. Zweifel kamen auf, ob das alles wirklich und nicht nur die Verwirrung seines einsamen Lebens war. Es konnte nicht sein, dass es zwei Seiten gab, von denen die eine weise Worte fand und die andere unscheinbar und dumm schien!

Die Gitarre half ihm, diese Zeit zu überstehen. Sie lenkte ihn ab und wies ihm den Weg in eine Welt, die ihn ruhiger werden ließ. Ihre

Saiten vibrierten leise, und die Musik fügte sich in seinen Herzschlag ein. Er sah sich in einem Lichtkegel sitzen, in der Hand die Gitarre und um ihn herum nichts als die Harmonie seines Spiels. Die Gedanken lösten sich von seiner körperlichen Existenz. Neugierig folgte er der Melodie, lauschte er den Tönen, die in der Finsternis entschwanden. Zu gern wäre er ihnen gefolgt, doch wollte er die Sicherheit des Lichts nicht aufgeben. Diese unbändige Angst, die Angst vor der Dunkelheit! Einer Dunkelheit, die sein Leben umfasste und ihn nicht mehr klar sehen ließ. Und er hörte nicht mehr den lieblichen Klang seines Spiels, sondern sah nur noch in die Finsternis hinein. Nicht das erste Mal zweifelte er an seinem Verstand. Die Begegnung mit der mysteriösen Stimme und der unsichtbaren Hand, all das war schier unfassbar. Hatte er eine andere Wahl? Sie war fest und sicher und würde bestimmt nicht aufhören, ihn zu fordern.

Mitten in diese Überlegungen hinein begann seine Gitarre zu spielen, wie er sie noch nie gehört hatte, aus dem Hintergrund erklang ein geheimnisvoller Gesang. »Ich weiß, dass dies alles schwer zu verstehen ist, Rainer, und dass dich verwirrt, was hier geschieht. Doch kann ich nichts unversucht lassen, mich dir verständlich zu machen. Du hast Angst vor mir und kommst doch nicht los. Lass uns in eine neue Zeit aufbrechen in eine neue Zeit.«

Und da spürte Rainer eine zweite Hand auf seinen Schultern. Jetzt war er völlig verwirrt! Hatte er sich gerade erst mit der Anwesenheit der einen abgefunden, tauchte wie aus dem Nichts eine zweite rätselhafte Hand auf. Als erwachte er aus einem schlechten Traum, unfähig, seine Gedanken zu sortieren, aufgewühlt, verunsichert und neugierig, harrte er der Dinge, die noch kommen konnten, unfähig, seine Gedanken zu sortieren, aufgewühlt, verunsichert und neugierig. Er dachte an die Worte, die er vernommen hatte. Nie zuvor hatte er sein Leben so betrachtet. Was hatte er Großartiges bisher erreicht, geschweige erlebt? Was wusste diese Stimme von ihm, was er nicht wusste? Welchen Weg würde sein Leben nehmen, wenn er sich auf sie einließ? Hatte er eine andere Wahl? Und was sollte diese zweite Hand auf seinen Schultern? Er traute sich nicht, diese mysteriöse Stimme zu fragen, glaubte er zu wissen, wie die Antwort lautete: Du wirst es wissen, wenn es so weit ist.

»Ich denke, wir können uns nun freundschaftlicher begegnen, nachdem wir uns kennengelernt haben«, hörte er diese Stimme sagen. »Meine Hoffnung ist, dass wir Freunde werden. Es ist mein Wunsch, dass du ihn mit mir teilst.«

»Was habe ich davon?«

»Was du davon hast? ... Ich denke alles: das Leben, die Freude daran und mich, dein Ichgefühl. Deine Persönlichkeit, dein Wesen und dein Wirken werden dadurch berührt. Deine Umwelt bzw. das, was du davon wahrnimmst, erlangt eine andere Qualität. Du lernst, leichter mit deinen Schwächen zu leben und deine Stärken zu nutzen. Dieser Weg ist nicht leicht, er ist allerdings besser, als weiterhin dir und deinen ungenutzten Fähigkeiten und Anlagen nachzutrauern. Es sind dir bisher eine Menge Freuden entgangen, auf die du ein Anrecht hast. Vertrau mir, vertraue dich mir an und suche deinen Weg – er wird dich zu mir führen. Ich kann und will dir Stütze sein, dich vor Gefahren und Abgründen warnen und dir den Weg erklären. Du willst mit mir zusammen arbeiten ...? Gut. Wir müssen über verschiedene Dinge reden, die für uns wichtig sind. So kann ich meine Aufgabe erfüllen. Ich muss diesen Weg gehen, weil es für dich die einzige Möglichkeit ist, deinen Weg zu finden. Vertrau mir!«

Rainer spürte eine gewisse Vertrautheit und Vertrauen; das ließ ihn ruhiger werden. Nervosität wich gespannter Erwartung. Es wuchs in ihm das Gefühl, diese Stimme könnte ihm all seine Fragen beantworten. Wie gern wollte er ihr glauben, dass er seinen Weg fand. Er nahm die Gitarre zur Hand und vertiefte sich in diese seltsame Melodie, die aus seinem Herzen kam. Er folgte den Tönen in eine Welt, die ihn magisch anzog, verwirrte und forderte. Mysteriöse Bilder tauchten vor seinem geistigen Auge auf, die er nicht zu deuten wusste. Er ahnte, dass sie ursächlich mit seiner Zerrissenheit zu tun hatten. Wie sollte es sein, sein Leben, wenn nicht, wie er es lebte? Die Gitarre vermochte nicht zu antworten; sie blieb stumm. Sie erreichte zwar sein Ohr, allein sein Herz blieb frei von den Empfindungen, die er ausdrücken wollte. Lag es daran, dass er der Steigbügelhalter seines Lebens war und ein anderer im Sattel saß? Unsicher lauschte er den Klängen seines Spiels, das ihn nicht mehr erfreute, obwohl es sein Spiel, seine Gedanken und seine Gefühle waren.

Diese Zwiesprache war der Beginn, zu seiner wahren Identität zu finden. Zu viel irritierte ihn noch, doch er folgte der Stimme, die sich unvermutet in sein Leben eingemischt hatte. Er konnte nicht anders. Für ihn lag noch alles im Dunkeln, außer der unbewussten Erkenntnis, dass diese fantastische Begegnung für sein weiteres Leben von großer Bedeutung sein würde. Sein Leben würde fortan Wege gehen, die ihm neu und unbekannt waren. Er war sicher herauszufinden, was sie beide tatsächlich miteinander verband.

Rainer war ein ruhiges Kind. Seiner Umgebung schien er oft verschlossen und ernst. Dennoch machte sich niemand Gedanken um ihn. Er war ein guter Schüler mit guten Anlagen und Fähigkeiten, besonderen Wünschen und Fantasien, Träumen und Gefühlen.

Weder seinen Eltern noch den Lehrern fiel auf, dass er tatsächlich anders als andere Kinder war. Mit seinen Eltern wohnte Rainer, solange er zurückdenken konnte, in der gleichen engen Dachwohnung. Er hatte in den ersten Jahren kein eigenes Zimmer gehabt, wohin er sich zurückziehen konnte. Was sein Vater verdiente, reichte gerade für kleine Geschenke an ihren einzigen Sohn.

Einen langgehegten Wunsch erfüllten seine Eltern ihm seine Eltern zu seinem vierzehnten Geburtstag – nichts Besonderes, eine Wandergitarre mit Stahlseiten, aber Rainer war unendlich glücklich. Diese Gitarre wurde ihm zur ständigen Weggefährtin. Seine Eltern hätten ihm gern Unterricht ermöglicht. Das war noch weniger drin gewesen. Rainer spielte, wie er wollte, guckte anderen über die Schulter und entwickelte eine eigene Art, seine Gitarre zu spielen. Täglich spielte er stundenlang auf ihr, und bald beherrschte er die Kunst, sie zum Klingen zu bringen, ohne richtigen Unterricht gehabt zu haben. Wenig später durfte er in der Jugendband seiner Gemeinde mitspielen. Zu dieser Zeit gelangte er an die erste elektrische Gitarre. Und wenig später kaufte sich Rainer von seinem Lehrgeld die erste Konzertgitarre. Damit war das Fundament gelegt und die Gitarre entfaltete sich unter seinen Händen zu einem Sprachrohr. Wenn er auf ihr spielte, forderte er sie heraus und brachte ihr seine eigene Sprache bei – eine Sprache voll Temperament und Melancholie. Er entlockte ihr Töne, die sich zu schönen Bildern formten. Sie spiegelten seine Suche nach Harmonie, die ihm trotz liebevoller Eltern fehlte. Diese Interpretationen waren seine Ebene, auf der er sich seiner Gitarre anvertraute. Stundenlang saß er in seinem Zimmer und sprach mit ihr. Dann begaben sich seine Gedanken auf abenteuerliche Reisen in die Welt der Fantasie. Er liebte diese Bilder, gaben sie ihm das Gefühl, eins mit sich zu sein – ein Gefühl, das er in Wirklichkeit nicht kannte. Er ahnte nichts von dem, was sich still und leise in seinem Leben tat.

Beharrlich aber kam ihm ein und dieselbe Melodie aus den Fingern, vertraut und fremd zugleich. Er suchte nach Worten, die seine Musik beschreiben konnten. Um sich zu entspannen und seine wirren Gedanken zu sammeln, lehnte er sich im Sessel zurück und ließ den Blick über die Welt vor seinem Fenster schweifen. Er sah sein Leben gleich einem Film vor seinem geistigen Auge ablaufen. Bisher war es nicht erfreulich verlaufen. Ihn bedrückten die Bescheidenheit und der andauernde Verzicht auf die kleinen Annehmlichkeiten, die anderen seines Umfeldes oftmals Gewohnheit waren. Dazu kamen jene nagenden Zweifel, die in ihm rumorten und nicht zur Ruhe kommen ließen. Wer war er? Wohin führte ihn sein Weg? Was war überhaupt sein

Weg, sein Ziel? Was hieß es, glücklich zu sein? Was brauchte er, um sich wohlzufühlen? Er fand keine Antworten auf diese Fragen und es gab niemanden, den er hätte fragen können. Je länger er sich damit beschäftigte, desto mehr Fragen lasteten auf seiner jungen Seele. Er starrte hinaus in den gräulich weißen Nebel, der schwer auf den Dächern seiner Heimatstadt lag, und glaubte, in seinen Gedanken das Spiegelbild dieser Landschaft wiederzuerkennen. Um ihn herum war nichts als Stille – eine Geräuschlosigkeit, die sich im ganzen Raum wie eine bleierne Flutwelle ausbreitete; ein Schweigen, das in ihm zu wachsen schien.

Der Garten

Diese Begegnung hinterließ bei Rainer tiefe Spuren. Seit ihrem ersten Besuch war nichts mehr wie zuvor. Er freute sich, wenn er sie auf seinen Schultern spürte und die Stimme vernahm, die ihm ein gekanntes Gefühl der Sicherheit gab. Die Stimme klang entschlossen und die Hände legten sich fest auf seine Schultern.

»Unser Beisammensein wird viele Fragen in dir aufgeworfen haben. Ich kann dir ein paar davon nach und nach beantworten. Zuvor möchte ich dir erzählen. Es wird dir viele Dinge in einem neuen Licht zeigen und manche Fragen beantworten. Lass die Bilder auf dich wirken und versuche, ihren Sinn zu verstehen. Du erkennst dich in dieser Geschichte und findest die Antworten auf deine Fragen. Es ist die Geschichte des Lebens, die ich gehört habe. Sie hat mich viele Dinge klarer sehen lassen und neue Wege und Erkenntnisse gebracht. Ich hoffe, dass sie für dich ebenso zu einem Wegweiser werden kann.

Höre zu, Rainer. Ein neuer Tag erwacht. Die ersten Sonnenstrahlen blicken durch blasse Baumwipfel auf eine junge Landschaft. Die weißen Kelche der ersten Schneeglöckchen vertreiben den Winterschlaf und Vorboten des aufkommenden Frühlings recken ihre Knospen aus den Zweigen dem Licht der aufgehenden Sonne entgegen. Der auflebende Morgen gibt nach und nach dem Blick frei auf einen Garten, dessen Größe und Grenzen nicht auszumachen sind. In der Dämmerung verscheucht die Sonne sanft den letzten aschgrauen Nachtnebel und lässt uns einen Blick auf das Leben werfen.

Gerade zu dieser frühen Stunde ist es noch ruhig, kein Lüftchen regt sich und allmählich erkennt man seine Unendlichkeit. Man glaubt, ewig laufen zu müssen, um alle Winkel kennenzulernen. Es scheint alles grenzenlos und unheimlich fremd, dass man Bedenken hat, die ersten Schritte hineinzugehen und alles auf sich wirken zu lassen. Die Neugierde ist größer als die Angst vor dem Unbekannten. Man kann nicht umhin, diese Stimmung in sich aufzunehmen, zuerst zaghaft und später mit festem Schritt voranzugehen und erste Wege zurückzulegen. Wir wissen nicht, was uns erwartet - mit kindlicher Arglosigkeit, Fröhlichkeit, Vorfreude und Optimismus stürzen wir uns hinein, ihn Schritt für

Schritt auszukundschaften. Stelle dir das Leben als jenen Garten vor, der jedem Menschen Platz bietet, wo er sich entwickeln und darstellen darf, wo durch das jeweilige Denken, Handeln und Fühlen und die individuellen Fantasien Neues entsteht und jeder seine Aufgabe und ungeahnte Möglichkeiten der Entfaltung hat.

Dieser Garten lebt und wächst mit den Lebewesen, die in ihm gedeihen. Alles Streben von Mensch, Tier und Pflanze ist ursächlich darauf gerichtet, ihn zu gestalten und mit Leben zu füllen. Und der Mensch wächst mit der Zeit in seine Aufgabe hinein, alles Leben zu hegen und zu pflegen. Da wird der Mensch zum Menschen, dort darf er leben, dort darf er sein ganzes Dasein einbringen, sein Ich ausleben und versuchen, alle Winkel und Wege zu erobern. Jeder Mensch wächst in seinem Garten, um von Beginn seiner Zeit über die Wege zu wandeln. Und in jedem Geist formt sich eine eigene Anlage, die Teil seiner Gedanken und seines Gefühlsgutes ist.

Ursprünglich ist der Mensch hier glücklich, es gibt nichts Aufregenderes und Unergründlicheres, nichts Schöneres und Traurigeres in seinem Diesseits als sein Leben – und nichts ist gegensätzlicher. Er wird schwer die Zusammenhänge begreifen, die zu seinem oder einem anderen Lebenslauf führen. Unterschiedliche Fähigkeiten, Voraussetzungen, Träume, Wünsche und Vorstellungen formen verschiedene Wege. Es ist ein einziges, einmaliges Abenteuer, vom ersten bis zum letzten Atemzug. Gerade, weil sich das Leben in vielen Dingen voneinander unterscheidet, potenzieren sich die möglichen Lebenswege ins Unendliche. Kein Weg gleicht einem anderen, sobald sich eine Komponente ändert. Man kann ihn zwar nochmals gehen; er wird anders, dass uns andere Menschen begleiten oder wir in einer anderen Stimmung sind, mit neuen Gedanken und Gefühlen. Dann verändert sich das Gesicht der Umgebung, die Farben werden leuchtender oder blasser, es wird mal bunter und mal grauer sein. Es bleibt das eigene Leben. Für jeden Menschen hält dieser Garten Bewährungsproben, Denkanstöße, Nackenschläge und zugleich viele schöne Dinge bereit, die das Leben bereichern. Bei manchen Menschen setzen gleich zu Beginn ihres Weges Schwierigkeiten ein. Sie vertrauen mehr oder minder auf ihre Fähigkeiten sowie die Fürsorge und Förderung ihrer Umgebung und formulieren eigene Ziele. Andere haben das Glück, eine Zeit lang ohne viel Hickhack durch den Garten des Lebens vorangehen zu dürfen. Auch sie sind jedoch nicht von Prüfungen und Aufgaben befreit. Vom Paradies ist dieser Park weit entfernt. Ein Schlaraffenland gibt es nicht. Es gilt, seiner eigenen Rolle, seiner Position und seinen Aufgaben gerecht zu werden. Viele bewältigen dies ohne große Probleme; für sie bedarf es wenig großer Anstrengung. Andere mühen sich redlich und kommen scheinbar nicht vom Fleck. Jeder bringt andere Voraussetzungen mit. Oder sind die Grundlagen für alle gleich, wir sehen das subjektiv anders? Es gibt ein Auf und Nieder, nur die Wellenhöhe ist individuell.«

Rainer lauschte regungslos mit geschlossenen Augen den Worten, die sich wie Untertitel in seine Fantasien einfügten.

»Nach welchem Prinzip funktioniert dieser Garten? Und wer setzt die Grenzen, es sie gibt? Die meiste Zeit verbringt der Mensch damit, Unkraut zu säen und zu jäten, Hütten zu bauen und Mauern einzureißen, andere zu führen oder geleitet zu werden. Da das auf Dauer langweilig wäre, bietet das Leben für jeden Menschen Möglichkeiten, die man sich offenlässt: Blumen züchten, Bäume wachsen sehen und den Anblick genießen, den man geschaffen hat. Es gelingt nicht jedem, das wahre Gesicht dieses Gartens zu ergründen, jeder hat die Gelegenheit dazu. Wer sich eingrenzt, sich nichts gönnt, dem bietet das Leben das, was übrig bleibt: NICHTS. Auf seiner Wanderung begegnen uns Pflanzen, die wir noch nicht kennen, und Menschen, die wie wir, auf der Suche nach dem Weg der Erkenntnis sind und deren Rat und Erfahrung hilfreich für uns sein kann. Man durchlebt Abenteuer, in denen man der Held der Geschichte ist und andere, aus denen man als Verlierer hervortritt. Früchte, die Erfolg versprechend wachsen, um zu vergehen, Auswirkungen, die wir als unwert ansehen, weil wir ihren Nutzen nicht erkennen können oder wollen, Ergebnisse, die den Einsatz gelohnt haben. Lebenswege sind verschieden, eigenartig und charakteristisch wie die Menschen. In einem Punkt ist das Leben für alle gleich: Es begründet sich aus dem Ideenreichtum und der Kreativität, dem Wissen, Denken, Fühlen und Handeln jedes Einzelnen.

In diesem Garten des Lebens, der kein Garten Eden sein will, kann es unter aussichtsreichen Vorzeichen, dem entsprechenden Einsatz und konsequenter Ausnutzung aller positiven Dinge paradiesisch sein. Die Vielfalt lebendigen Seins und die schier unerschöpfliche Vielfalt an Pflanzen, Tieren und Wegen eröffnen ungeahnte Möglichkeiten. Wenn es dem Menschen gelingt, während seines Spaziergangs die schönsten Fleckchen Erde, die besten Entscheidungen oder die bequemsten Wege und die richtigen Partner für seine Ziele zu finden. Es sind nicht die geraden, scheinbar harmonischen Wege, die zu den Traumorten führen. Es sind nicht immer die ersten Ideen die besten. Unsere Ziele liegen versteckt hinter einer unscheinbaren Wegbiegung, ein anderes Mal geradewegs vor uns und wir sehen sie nicht. Paradies heißt nicht, dass man alles hat. Es sind nicht die Pflanzen am schönsten, die groß und herrlich anzusehen sind. Das einzelne Gänseblümchen oder andere unscheinbare Feldblumen am Wegrand haben mehr Schönheit und persönlichen Nutzen, als ein ganzes Beet voller Baccararosen. Da einem nichts geschenkt wird, muss man das meiste dazu beitragen, damit man seinem Ziel näherkommt. Hilfreich sind gute Freunde, die einen unterstützen, die rechte Wahl zu treffen. Wer auf die Erfolge oder Missgriffe anderer und auf seine eigenen Fehler schaut, verliert seinen Weg aus den Augen und dann wird sein Garten zu einem Irrgarten, aus dem er nicht mehr herausfindet. Dann wird die eigene Existenz zur Qual. Dann kann man sich vor Kummer und Sorge nicht frei den Freuden hingeben, die das Leben trotz aller Widrigkeiten hat, dann wird jede Entscheidung ein Schritt ins Ungewisse, Unheimliche, Fremde. Die anderen werden zu selbst erklärten Feinden, weil sie es schaffen, weil sie es besser haben. Die Gegenwart wird zur Vergangenheit, die Zukunft unerreichbar. Dunkel bleibt, was es noch zu erleben gilt ... liegt die Vergangenheit in der Zukunft und muss erst noch entdeckt werden. Dann wird die eigene Geschichte zu dem Fremdkörper, der Zukunft heißt.«

Das Ich machte eine Pause, wie um Atem zu holen und, schien keine Reaktion zu erwarten. Rainer hatte die ganze Zeit gespannt den Worten gelauscht, die durch die Stille des Zimmers an sein Ohr drangen. Er versuchte vergebens, die Hände zu greifen, die auf seinen Schultern ruhten. »Na gut, weiter. Wer in einer Dimension denkt und lebt, verliert den

Bezug zur Mannigfaltigkeit des Lebens. Wer auf eine bestimmte Pflanze setzt oder gleiche Wege geht, verliert sich bald in einer grauen, nichtssagenden Welt, aus der er nicht mehr herausfindet. Er verstrickt sich in seinem eigenen Dasein. Dann kann es passieren, dass die Vergangenheit zu einer bösen Erinnerung wird, die Angst macht, und er sich wünscht, es noch versuchen zu dürfen. Ein Garten mit wenig Pflanzen, wenig Wegen und wenig Begegnung bietet zwangsläufig wenig Abwechslung, Anregung und Abenteuer – wenngleich auch gewissen Schutz und trügerische Sicherheit. Viel zu schnell kennt man jeden Winkel, jeden Baum und jede Wiese. Und übersieht man diese, da sie in das Bild eingebrannt sind. Der Mensch gewöhnt sich an sein Leben und verliert die Beharrlichkcit und Fähigkeit, neugierig zu sein. Er kommt an der gleichen Wegbiegung an und trifft auf dieselben Wegbegleiter und die gleichen Antworten. Und ob sich auf diesen Wegen der Baum der Erkenntnis finden lässt, ist schnell ausgemacht. Wer ihn dann nicht findet, kann leicht in Resignation oder Depression verfallen, anstatt sich aufzumachen und einen neuen Garten zu suchen, der ihm eine Heimat bietet. Es ist utopisch anzunehmen, dass es einen wahren neuen Anfang gibt. Dazu müsste er blind und nackt, einem neugeborenen Säugling gleich, in einen neuen Garten hineingeboren werden. Wenn man den Pflanzen und Tieren um sich herum Namen gibt, dann wird das Bild dieses Gartens Eden noch anschaulicher. Vom gemeinen Gänseblümchen über die grazile Rose bis hin zu fest verwurzelten Eichenbäumen finden wir facettenreiche, bekannte und exotische Pflanzen, die den Charakter des Gartens ausmachen. Wichtig ist ein ausgewogenes Maß an Vielfalt. Nicht die Menge macht es, sondern die Zusammensetzung und die Auswahl. Jeder Garten hat die Möglichkeit, Heimat und Zuflucht zu sein. Wie der Mensch nicht alle Fähigkeiten in sich vereinen kann, muss der Gärtner sorgfältig abwägen, welche Pflanzen er fördert und welche er auf seinem Boden wachsen lassen will und kann. Dies ist die Frage aller Fragen: Was passt zu mir? Wer bin ich? Was will ich? Und wohin führt mein Weg?«

»Ich sehe mich in all dem, was du bisher erzählt hast. Das Bild ist noch verschwommen. Mich interessiert, wie es weitergeht.« Rainer war neugierig geworden. Würde er bald herausfinden, weshalb das Ich ihm dies alles erzählte?

»Das Leben besteht von Anfang an aus Fragen, deren Beantwortung unser Ziel ist oder besser sein sollte. Der Garten bietet jedem Menschen alle Antworten, man muss die Zeichensprache des Lebens verstehen lernen. Dann erübrigen sich viele Fragen, da man die Antwort gefunden hat. Manche Menschen suchen verzweifelt, indem sie die gleichen Fragen stellen. Sie glauben, dass sie eine andere Antwort erzwingen können. Sie vergessen, richtig hinzusehen und hinzuhören, was die Umgebung und sie zu sagen haben. Manche Menschen stellen sich dem und finden eine befriedigende Lösung.

Das Leben, gleichgültig, wie lange es währt, welche Basis es mitbringt oder welchen Weg es geht, ist neu, abenteuerlich, schön und traurig zugleich. Es ist schön und ausgeglichen, geradlinig und zielstrebig, weil des Menschen Natur darauf ausgerichtet ist. Die traurigen Zeiten haben ihre Begründung, sie lassen uns die schönen Seiten zu wertvollen Momenten werden. Man muss sie erkennen und die Schatten akzeptieren lernen, wenn uns der Blick durch ungünstige Wahrnehmungen verstellt ist. Bisweilen erkennen wir das Schöne am Leben erst dann. Ein Leben, das von offensichtlichen Widrigkeiten geprägt ist, bleibt lebenswert. Dass es nicht leicht ist, sein Schicksal, Irrtümer und Fehler zu akzeptieren, ist unbestritten. Man kann einen guten Teil seines Werdens bestimmen und daran mitwirken, dass es nicht zu schwer wird. Und wenn dieses nicht zu verhindern ist, damit besser zurechtkommen. Wie fühlt sich ein Gärtner, dessen Beete verdorren, weil es zu trocken ist und er kein Wasser findet, um einen Teil seiner Ernte zu retten? Jeder Mensch trägt die Verantwortung für sich und kann sie nicht auf andere abwälzen, obwohl das einfacher scheint. Dann gibt man sein Leben in fremde Hände. Und das hat zur Folge, dass es nicht mehr das eigene Leben ist, das man lebt. Dann wird der eigene Körper zu einer atmenden, funktionierenden Hülle für eine Seele und einen Geist, die nicht zusammenpassen. Der Versuch, diese Dreieinheit wiederherzustellen, erfordert einen enormen Kraftaufwand. Diesen Kampf führen viele Menschen, von denen wir annehmen, dass sie auf der Verliererstraße wandeln. Es lohnt sich, um diese Einheit zu kämpfen, so vergeblich es zuerst scheint. Wer das Handtuch wirft, muss sich zwangsläufig als Verlierer fühlen, weil er den möglichen Sieg verschenkt hat. Es gibt Menschen, die von der Sonne verwöhnt werden, und andere, die für einen einzigen Sonnenstrahl alles aufbieten müssen, wozu sie fähig sind und oftmals weit darüber hinaus. Wer die wirklichen Sieger sind, lässt sich nicht in einem Satz festlegen. Sind es die, die Sonne scheinbar geschenkt bekommen, oder die, die sich jeden Sonnenstrahl hart erarbeiten müssen? Sind es die, deren Ernte am höchsten ausfällt, egal, mit welchen Mitteln sie gearbeitet haben? Sind es die, deren Ernte weniger gut ausfällt, weil ihnen Unwägbarkeiten die Frucht verdorben haben und sie alles ihnen Mögliche getan haben, um sie zu retten? Es kommt weniger darauf an, wie viel Sonne einem Menschen vergönnt ist, sondern wie er die Zeit in der Sonne nutzt und was er daraus macht.

Die Schattenseiten des Lebens bergen aussichtsreiche, schöne Erlebnisse. Ein Mensch, der eine schwere Erkrankung oder eine chronische Behinderung zu meistern hat, kann unter Umständen mehr Glücksmomente erleben, als jemand, dem sein Glück Gewohnheit geworden ist und dem sein Lebenslauf keine echte Bewährung abverlangt. Für manche bricht bei geringsten Problemen die Welt zusammen, andere sehen in großen Belastungen Herausforderungen und versuchen, sie zu meistern; was vielen gelingt, obgleich der Erfolg auf den ersten Blick nicht messbar ist. Andere erleben ein ständiges Kommen und Gehen von Gewitterwolken und Sonnenstrahlen. Manche schaffen es, den Widrigkeiten zu trotzen, ohne sich als Sieger als Partner der Schatten zu fühlen. Sie teilen sich das Terrain und bauen eine Festung aus Menschen, die ihnen Trost und Hilfe in schweren Stunden bieten oder kleine Erfolge zu feiern verstehen. Sie bauen eine Burg mit Wachtürmen, die alle Anzeichen von Problemen erkennen, die auf kommende schöne Zeiten hinweisen. Sie kämpfen, gegen die Angst, Wut und Trauer, die an den Grundfesten dieser Burg nagen, mit der ihnen eigenen Zuversicht und dem Selbstvertrauen, diese Hürde zu überwinden. Andere erleben das Auf und Ab als ständige oder zeitweise Bedrohung, sie leben von Gewitter zu Gewitter, ohne die Sonnenstrahlen zu sehen, die durch die aufreißenden Wolken dringen. Sie kennen nicht den Vorteil, fürei-

nander und miteinander zu kämpfen, weil sie
sich nicht verteidigen. Um die schönen Seiten
sehen und erleben zu können, braucht man
den anderen, weil man es nicht schaffen kann
und nicht muss. Dazu braucht man die Hilfe
der Umwelt, ob sie aus der Familie, von
Freunden oder von Fachleuten kommen mag.
Die größte Energie wird dem Betroffenen ab-
gerungen, er muss letztendlich entscheiden,
welchen Weg er gehen will und muss; er ist
für sich verantwortlich.

Es ist hilfreich, die Augen zu öffnen und in
den Gewitterwolken erst Positives zu erkennen. Dunkle Wolken bedeuten Regen; sicheren Regen, der wichtig ist, damit die kleinen
Pflanzen Hoffnung, Zuversicht und Vertrauen
wachsen können. Es ist nicht leicht, hinter
dunklen, kalten Wolken die warmen Strahlen
der Sonne zu vermuten, da der Mensch gewöhnlich das glaubt, was er sehen und begreifen kann. Es gibt einen Ausweg, man muss bereit sein, sich seinem Spiegelbild zu stellen,
das von den Wolken reflektiert wird. Er stellt
dann fest, dass sich das Abbild weniger mit
dem jammervollen Anblick von Angst und
Mutlosigkeit deckt, als mit dem hoffnungsvol-
len Anblick von Selbstwerten und eigenen Fä-

higkeiten. In seinem Garten Leben gedeihen die unglaublichsten Pflanzen; und manche erkennt er erst, wenn Wolken die Sonne verdecken. Sie blühen im Verborgenen, sie leben im Schatten der Nacht, in den Sümpfen der Schwermut, in der Höllenglut der Angst und Leere. Dort verbreiten sie ihre eigene Natur, die nirgends zu finden ist. Sie gehören zu unserem Leben dazu. Das Leben wäre NICHTS, wenn es sie nicht gäbe. Leben bedeutet Wandel, Änderung, Anpassung, Stetigkeit und Rückschau.«

»Darf ich was sagen? Je mehr du erzählst, desto mehr fühle ich mich in diesen Garten hineingestellt. Es passt alles zusammen. Alles stimmt, obwohl es mir wie eine Idealwelt vorkommt, wie ein Paradies, zu dem ich keinen Zutritt habe.« Rainer gefiel, was sein Ich ihm sagte. Er hatte die Augen geschlossen und ließ die Worte zu Bildern werden. Sein Blick schweifte durch die helle Welt der Fantasie und zeichnete einen eigenen Garten. Eine leise Hoffnung keimte in Rainer, dass dieses Ich der Wegweiser sein konnte, der ihn zu seinem eigenen Garten führen würde.

»Warum solltest du nicht einen Garten haben können? Soll ich weitererzählen?«

»Wenn es dir nicht zu viel wird.«

»Mir wird nichts zu viel. Es kommt darauf an, ob du mir zuhören möchtest. Wenn ich fortfahren darf. Es ist ein schönes Gefühl auf sicheren, hell erleuchteten Wegen, in der Sonne zu wandern; auf Wegen, die durch materielle und ideelle Werte abgesichert sind, auf denen man sich treiben lassen kann, auf denen einem alles bekannt und freundlich erscheint. Nichts trübt den Blick, nichts weist darauf hin, dass Unbekanntes Angst und Misstrauen erwecken könnte. Und schwer begreift dann der Mensch, dass das nicht sein kann. Wer den Mut aufbringt, sich der Dunkelheit anzuvertrauen und auf eigene Werte zu besinnen, dem bietet eine Wanderung im Unwetter des Lebens neue Erkenntnisse, die dem Sonnenmenschen versagt bleiben. Er hat es nicht gelernt, im Schatten zu gehen. Dort ist ihm leicht kalt und er empfindet die schattige Kühle eher als tragisch, denn als Beruhigung aufgeheizter Haut. Ein Mensch, der aus langer Dunkelheit das Sonnenlicht erblickt, versteht, die kurzen Momente eines einzigen Sonnenstrahls als Belohnung für die lange, kalte Dunkelheit zu begreifen. Als Geschenk, das mehr wert sein kann, als ein Leben auf dergleichen Sonnenseite, die Abkühlung und Beruhigung bietet.

In diesem Garten, der kein Garten Eden ist und es nicht sein will, gedeihen viele Pflanzen. Er ist bunt und farblos zugleich. Es gibt Menschen, die uns vertraut sind, die wir mögen und gern um uns haben; wie es Menschen gibt, die wir weniger anziehend finden. Menschen, deren Schicksal wir viele Jahre teilen, und solche, die für einen kurzen Augenblick unseren Lebensweg kreuzen. Es gibt Pflanzen, die uns begegnen, die uns vertraut sind, und welche, deren Namen wir nicht wissen; solche, deren Existenz uns verborgen bleibt, weil wir bisher diesen Teil des Gartens noch nicht kennen, und kennenlernen werden. Es kann sein, dass wir diesen Weg bisher übersehen haben, weil wir ihn als nicht lohnenswert betrachteten und weil wir auf Anderes geachtet haben. Es gibt Wege in diesem Garten, die wir vor Jahr und Tag gegangen sind und später; es gibt andere Wege, die man sich nicht traut zu gehen, manche vergangenen Wege sind darunter. Es gibt Wege, die Erinnerungen wecken, die man viel lieber unterpflügen würde. Und es finden sich Wege, vor denen wir Angst haben, und Wege, zu denen es uns magisch hinzieht, und Wege, die uns liebgeworden sind und nicht missen wollen.

Wir werden begleitet von einem Immergrün, das blüht, welkt; das unseren Weg säumt, wohin wir gehen. Dieses Immergrün ist schön anzusehen, erdrückend, gerade, weil es überall ist. Es verbirgt sich hinter dem Immergrün ein bunter Reigen der seltensten Pflanzen, die den Tauperlen eines gerade überstandenen Gewitters Unterlage bieten. Manches Mal weist es den Weg zu bekannten Pflanzen, die ein neues Gesicht bekommen.

Viele Wege in diesem Garten sehen aus wie die eines gepflegten Parks, andere wie das Ebenbild einer wilden Steppe oder eines Gartens, in dem sich allerlei Flora und Fauna breitmachen. Manche Pflanze wird gehegt und gepflegt, wenn sie giftig und noch schädlich für uns ist. Und andere, gleichsam Heilkräuter, werden als unnützes Gewächs entfernt oder vernachlässigt. Es ist schwer, ein allgemeingültiges Statement darüber abzugeben, welche Pflanzen gefördert oder vernachlässigt werden können oder müssen. Für jeden Menschen können sie unterschiedlich von Bedeutung sein. Man muss ausprobieren, welche Pflanzen für einen geeignet sind, welche in den eigenen Garten passen und ob sie sich miteinander vertragen. Wenn sie zu uns passen, dann sollte man sie fördern und viel öfter pflanzen; wenn sie uns eher schaden, dann sollten wir uns getrost von ihnen trennen, wenn es noch schwer erscheint. Es gibt Menschen, die ihren Garten nicht pflegen, die ihren guten Pflanzen nicht das entsprechende Interesse schenken, die ihren Garten als Geschenk ansehen, sondern als lästige Verpflichtung. Sie lassen die guten Anlagen verkümmern. Dann kann er keine Freude mehr empfinden für die kleinen Sprösslinge, die neue Saat, den Wechsel der Jahreszeiten, die diesen Garten prägen. Gerade dieser Wechsel der Jahreszeiten bringt unvergleichlich viele schöne Dinge hervor, an denen man sich erfreut und reift. Dieser Wechsel macht das Leben erst schön, weil es neue Dinge zu entdecken gibt, für die zu leben lohnt, wenn wir es erst später erkennen.«

Rainer streifte in Gedanken über diese Wege. Er sah all die herrlichen Pflanzen, hörte die Vögel zwitschern und das Rauschen des Windes in den Wipfeln der Bäume. Er genoss den Duft des Frühlings, der über allem schwebte. Um nichts in der Welt wollte er diesen Garten verlassen. Wie von fern drangen die Worte zu ihm, während die Hände ihn über die Wege leiteten.

»Der Garten des Frühlings ist wie geschaffen zur Grundsteinlegung bestimmter Eigenschaften, Bedingungen und Voraussetzungen. Der Wechsel von Regen und Sonne tut sein Übriges, um vorhandene Pflanzen zu fördern und dem Sommer die Tür zu öffnen. Und wenn der Sommer endlich kommt, ist die Saat ausgebracht, die dann ihre ersten Früchte hervorbringt. Dann können Wind und Regen manche Pflanzen des Frühlings vergehen lassen, um anderen Platz machen, die in der Sommersonne besser gedeihen. Manche Pflanzen erleben im Frühjahr ihre Zeit, andere im Sommer oder noch im Herbst. Und wenn der Herbst mit seinen Stürmen naht, werden die besten Ernten heimgefahren. Viele Pflanzen zeigen dann ihr schönstes Kleid, weil sie ausgereift sind. Und der Mensch erfreut sich daran. Er blickt zurück auf die erledigte Arbeit, auf die Erfolge und Verluste. Dann zeigt sich, ob seine Saat aufgegangen ist, seine Arbeit erfolgreich und die Wahl der Pflanzen richtig war. Die Sonne wärmt noch den Boden, auf dem wir unsere Ideale verwirklicht haben, wie die Felder, die ungenutzt geblieben sind. Wenn dann das Ergebnis nicht ausfällt, wie wir es erhofft haben, wünschten wir uns oftmals, noch von vorn beginnen zu können und die brachliegenden Felder dieses Mal nicht zu übersehen. Es nutzt nicht viel, der Winter kommt mit aller Macht. Mal laut, ein anderes Mal leise, ist er da. Er deckt mit wunderbar weichem, weißem Schnee alles zu, egal ob es ein gutes oder schlechtes Feld war. Dann sieht alles gleich aus, der Schnee wirkt wie der ›Mantel des Vergessens‹; man weiß, dass man alles getan hat, was notwendig war, dass mehr nicht zu tun gewesen wäre. Und man erkennt unter dem ersten Schnee die Wege, auf denen man gegangen, und die Felder, auf den denen gute Ernten gestanden haben. Und noch die eine oder andere Pflanze, die den ersten Frost überdauerte und ihre Blüten zaghaft aus der Schneedecke streckt. Es entstehen bunte Tupfen auf dem weiten, weißen Areal, das dann nicht mehr bedrohlich wirkt. Vor allem bietet dieser beginnende Winter noch manch schönen Tag, an dem man sich erfreuen sollte – ohne Bitterkeit über das Vergangene, ohne Traurigkeit über das Verlorene. Ein letztes Mal wird die Sonne scheinen, ein letzter Regenguss aus wolkenverhangenem Himmel die Erde befeuchten, auf der bald neues Leben wächst und gedeiht. Uns bleibt die Erinnerung an all die schönen Erlebnisse, die Niederschläge und Erfolge, die unzerstörbares Eigentum unseres Geistes und unserer Seele sind. Und wenn sich die Natur zur Ruhe legt, kann man mit Befriedigung auf sein Leben zurückblicken. Und man hat nicht das Gefühl, nichts getan, nichts erreicht zu haben. Wenn man nicht alles erleben konnte, was man sich in kühnen Träumen ausgedacht hat.

Das ist nicht leicht für dich, Rainer, jetzt über solche Dinge nachzudenken, ich weiß, dass du bald Parallelen zu deinem Leben erkennen wirst.«

Die Bilder, mit denen die Stimme ihm das Wort Leben definierte, schienen abwegig, weil er bisher von seinem eigenen Leben noch keine genaue Vorstellung hatte. Er lauschte weiter der Stimme, die ihm seine eigenen Gedanken näherbrachte und erklärte.

»Bevor uns der eisige Wind des Winters die ersten Schneeflocken in die Augen weht, das Eis des Vergessens sich über die Seen der Traurigkeit legt und die Dämmerung die Blütenkelche schließt, entsteht in jedem Augenblick neues Leben. Anders als zuvor. Als Summe unserer Erfahrungen, als Mosaiksteine einer kunstvollen, einzigartigen Freske, als Kind der Fantasie. Mit jedem Tag, mit jeder Begegnung, mit jedem Abenteuer, wächst ein Bild heran, das, einem Puzzle gleich, nach Vollendung strebt. Ein Kunstwerk entsteht, dem einen und einen anderen nicht befriedigend. Ein fremdes Artefakt scheint undurchsichtig, konfus, wenn es vielleicht einer bestimmten Linie folgt, die genauso wenig falsch ist wie die eigene. Jeder sieht die Welt aus seinen Augen, und was für den einen die Erfüllung seiner Träume ist, mag dem anderen nicht seine Bedürfnisse stillen. Erlebnisse sind individuell, dass gleiche Erfahrungen unterschiedlich erlebt werden. Was dem einen unerträglich und unüberwindlich scheint, mag dem anderen die wahre Herausforderung sein, der er sich stellt, welchen Sinn es macht und ob es ihn überhaupt weiterträgt durch den Garten.

Jedes Leben ist einzigartig, ein Unikat, das nach ureigenen Regeln und Gesetzen gelebt wird. Es gibt Erlebnisse, die gleiche Impressionen in verschiedenen Menschen auslösen. Grün ist grün, weil es allgemein festgelegt ist. Wie einer das Grün empfindet, hängt davon ab, welche Vorstellung er damit verbindet. Dem einen Menschen ist das gleiche Grün dunkler, dem anderen unangenehm anzusehen. Und was wäre, wenn es nicht grün ist? Wer sagt, dass das grün ist, was ich da sehe? Gefühle werden ähnlich empfunden, wenn die Bedingungen sich ändern. Freude wird z. B. ähnlich gespürt und Trauer ähnlich gelitten, wenn der Grund ein anderer ist. Das Gefühl von Freude ändert sich, wenn der Anlass ein anderer ist oder unterschiedlichen Stellenwert für den Einzelnen hat. Die Trauer über den Verlust eines Menschen, wenn die persönliche Beziehung zu ihm eine andere war. Es gibt zu allen Dingen unterschiedliche Blickwinkel, aus denen sie sichtbar werden. Was mich heute erfreut, mag an anderer Stelle oder Zeit mäßige Freude aufkommen lassen, weil es eine Sache unter vielen ist, eine Sache, mit der ich augenblicklich nichts anfangen kann. Das eigene Leben formt sich aus fremden Augen anders, wie sich erduldete Widrigkeiten oder überstandene Abenteuer im Rückblick anders darstellen als im momentanen Erleben.

Ein Weltbild bildet sich heraus, das aus eigenen Augen einleuchtend und geradlinig sein mag, aus anderer Sicht chaotisch und unausgereift. Grün wird zwar nicht zu Blau, wie die Farbe empfunden wird, hängt von den Assoziationen ab, die als Vergleich herhalten müssen. Es gibt feste Werte, an die sich der Mensch halten kann, das eigene Empfinden vermag diese Daten zu ändern. Ein Holzschemel mag dem einen bequem genug sein, da er ihm für einen bestimmten Zweck dient, einem anderen als ein ungeeignetes Möbel vorkommen, weil er damit nichts anzufangen weiß. Er sucht sich eine andere Sitzgelegenheit, auf der er es bequem hat und die für seine Zwecke nützlicher scheint. Jedes Leben ist aus der Sicht des Betroffenen einzigartig. Wenn es nicht mit günstigsten Voraussetzungen beginnt und leicht gelebt werden kann, wie man es erhofft, bleibt es für jeden eine einmalige Erlebnisreise mit vielen Abenteuern, Träumen und Tränen. Sie gehören dazu, sie machen das Leben aus.

Auf manche Dinge haben wir Einfluss, auf andere Dinge unsere Umwelt. Manche Ereignisse sind losgelöst von unseren Wünschen und Forderungen. Sie werden Schicksal genannt, das vegetative Nervensystem des Lebens, die Quelle individueller Gedanken, Gefühle und Handlungen. Ein Mensch, der körperliche oder geistige Schwächen mitbringt, vermag ebenso ein lebenswertes und ausgefülltes Leben zu führen, wie ein Mensch, der mit derartigen Problemen konfrontiert wurde. Ersterer kann ebenfalls zielstrebig auf sein Glück und seine Zukunft hinarbeiten. Er kann aus seiner Startposition heraus mehr erreichen, als der andere, wenn sein Endziel am Anfang des Lebensweges eines anderen steht. Für jeden steht sein persönlicher Erfolg im Mittelpunkt. Dem Anderen scheint es unmöglich, mit weniger guten Startbahnen und weniger hochgesteckten Zielen zufrieden und glücklich zu werden. Menschen können mit ähnlichen Ausgangspunkten unterschiedliche Erwartungen und Ziele haben und erreichen, da sich die Bedingungen individuell ändern. Die familiäre Herkunft, die Basis der Erfahrungen, bedeutet nicht, dass sie notgedrungen weit reichen. Ein Arbeiterkind kann bei entsprechendem Einsatz und Förderung zum Akademiker aufsteigen. Ein Akademikerkind wird in seinem Leben mit weniger geistigem Überblick auskommen, weil die Absicht eine andere ist. Genauso prägt das Umfeld das junge Leben, oder kann es sein, dass der Mensch erst im reiferen Alter die Möglichkeiten erhält, die andere in jungen Jahren gehabt haben.

Das Leben läuft nicht starr nach einem allgemeingültigen Fahrplan ab, jeder hat für sich die Fähigkeit, aus seiner Grundposition auszubrechen, gefasste Beschlüsse zu ändern. Es ist möglich, später Weichen neu zu verlegen, um aus einer Sackgasse herauszufinden. Manche Fehler unterlaufen uns, sie bieten aber die Möglichkeit, es noch und diesmal anders zu versuchen. Fehlschläge sind wie eine Blutwäsche, sie geben den Weg frei zur Erneuerung, wie kleine Erfolge den Weg ebnen für das Vorwärtskommen. Mit dem Lebensgarten verglichen, bedeutet es, dass aus einer welkenden Pflanze Neues, Gutes entstehen kann, man findet Platz und Gelegenheit für eine Neugestaltung dieses Beetes. Neue Wege entstehen, die sich dem Bild des Gartens besser anpassen und von denen man vorher geahnt hatte. Aus einer Giftpflanze wird zwar kein Heilkraut, es wäre möglich, den Schaden zu begrenzen, zu beherrschen und für gute Zwecke zu nutzen.

Der Garten birgt Geheimnisse, die überall zu finden sind. Manches gibt es in anderen Gärten. Was der Gärtner daraus macht, ist das Entscheidende. Seine Fantasien, sein Denken, sein Fühlen und Handeln formen daraus eine einmalige Anlage, die sich nirgends ein weiteres Mal finden lässt. Er muss den Mut haben, neue Wege zu gehen, seine Fantasien auszuleben und neue Kreativität zuzulassen. Dann entsteht um ihn herum Tag für Tag ein neuer Garten, in dem er neue Dinge für sich entdeckt. Es mag ihm schwerfallen, lieb gewonnene, schädliche Pflanzen zu entfernen, unterzupflügen oder herauszureißen. Wenn er sieht, dass viel Schöneres daraus erwachsen kann, wird er gerne den Spaten zur Hand nehmen; weil er weiß, dass es sich lohnt. Es gibt Zeiten, da ist er blind und übersieht das eine oder andere Unkraut. Dann hilft es, wenn ein anderer ihm zeigt, was im Argen liegt. Obwohl nicht alles Unkraut ist, was andere dafür halten. Die Entscheidung über sein Werk, sein Leben, trifft jeder Gärtner für sich. Er muss seinen Garten gut kennen und seinen Wegbegleitern vertrauen können, damit er nicht versehentlich Pflanzen zerstört, die für ihn von Nutzen sind. Er muss mit offenen Augen durch seinen Garten gehen und nach dem Rechten sehen; er muss sorgen, dass seine Kulturen nicht Schaden nehmen. Er darf nicht vergessen, was wichtig für ihn ist. Wenn er in anderen Gärten weilt und arbeitet, muss er ebenso gewissenhaft sein Werk beachten. Er ist genauso Erfüllungsgehilfe seiner Wegbegleiter, wie sie für ihn.

Und ist es ihm dann vergönnt, Besonderes hervorzubringen, an dem nicht er Freude hat, sondern die Menschen, mit denen er durch seinen Garten geht, die ihm bei seiner Arbeit helfen und neue Impulse geben, weil sie einen großen Teil ihres Denkens, Fühlens und ihrer Fantasien in diesen Garten einbringen. Seine Fantasien wachsen gerade im Garten seines Freundes, weil dieser sie zu wecken versteht. Ohne diese Helfer würde er wohl nie fertig und seine Ideen in einer Einbahnstraße verkümmern. Es kämen wenig neue Impulse, weil ihm der Gedankenaustausch fehlte. Nicht, dass seine eigenen Fantasien und Fähigkeiten nicht ausreichten, er braucht die Hilfe dieser Menschen, um seine Fantasien und Fähigkeiten zu entfalten, sich dieser erst bewusst zu werden. Was der Mensch in seinem Leben zeigt, ist ein Bruchteil dessen, was er zu leisten imstande ist. Er ist von sich aus einbequemer Charakter. Zum Leben reicht ihm, seine Grundbedürfnisse gestillt zu sehen, Anregung von außen spornt ihn an, mehr und alles aus sich herauszuholen. Seine natürliche Neugier bewahrt ihn davor, zu früh aufzuhören zu kämpfen, und hilft, seinen Horizont zu erweitern. Er lernt, mit dem Neuen und in seinem Garten zu leben, aus ihm das Beste herauszuholen, mit Gegebenem und über noch kleine Erfolge glücklich und zufrieden zu sein. Und wenn es für andere unbefriedigend erscheint, es ist jedem selbst überlassen, was er tut. Er trägt die Verantwortung, ob er alles gibt, was er kann. Und er tut es.

Vorhandene Anlagen werden manchmal nicht ausreichend gefördert oder er verliert die Lust, weiter zu machen. Dann kann es passieren, dass vorhandene Pflanzen verkümmern und absterben. Oder es wachsen Pflanzen, die weniger dem eigentlichen Naturell und seiner Veranlagung entsprechen, mit denen er somit nichts anfangen kann, die das Bild seines Gartens verzerren und ihn zu einem Fremdkörper der eigenen Fantasie werden lassen. Sowie es sein kann, dass seine Wegbegleiter nicht einverstanden mit seinem Tun sind oder andere Erwartungen an ihn stellen. Aus einem Gärtner, der sich lieber mit Bäumen und Sträuchern beschäftigt, wird schwer ein guter Florist. Es sind die unerfüllten Träume derer, die diese Erwartung stellen. Sie hätten die Fähigkeit, sich ihren eigenen Garten nach ihren Wünschen und Zielen anzulegen. Wenn sie es dann nicht getan haben, gibt es für sie keine Möglichkeit, diesen Umstand zu ändern. Niemand kann der Gärtner im Garten des anderen sein, sein Gehilfe. Ohne diese Gehilfen hätte es jeder Gärtner schwer, den Überblick zu behalten, seine Arbeit zu beenden und seinem Garten zur vollen Blüte zu verhelfen. Und er hätte keine Zeit, in anderen Gärten zu schweifen, Neues auszuprobieren oder auszuruhen.

Des Menschen Dreieinigkeit aus Denken, Fühlen und Handeln macht ihn zum Individuum. Und seine Fantasie macht daraus Besonderes, Einmaliges, was kein anderer für ihn wiederholen kann. Die Vision des Einzelnen ist es im Wesentlichen, die dem Garten sein Gesicht gibt. Wer sich die Chance vergibt, wird die ganze Pracht des Gartens erfahren und sich entfalten. An ihm liegt es, ob es sich für ihn gelohnt hat.

Der Preis für das Leben ist der Tod; mit ihm wird alles Leben bezahlt, egal wie es gelebt wurde, gleich, welche Ziele verfolgt und erreicht wurden. Das Sterben und der Abschied ist Bestandteil des Lebens, aus ihm geht er hervor. Es kann sich Neues entfalten. Der Tod begleitet uns ein Leben lang. Der Mensch ist das einzige Lebewesen, das sich Gedanken über seinen Tod macht. Tiere und Pflanzen, ebenso Lebewesen, gehen mit dem Tod wesentlich unbeschwerter um. Sie haben scheinbar gelernt, damit zu leben, für sie ist er überlebenswichtig. Manche Tiere und Pflanzen leben so lange, bis sie sich fortgepflanzt haben oder ein anderer ihren Tod für das eigene Überleben in Kauf nimmt. Sie haben Angst zu sterben und verteidigen ihr Leben bis zum letzten Atemzug, sie fügen sich wesentlich eher in ihr Schicksal. Der Mensch ist an diesem Punkt wesentlich empfindlicher. Wer denkt gern darüber nach, dass er am nächsten Morgen, von Maden angefressen in einer dunklen Holzkiste liegen könnte? Um nichts mehr macht sich der Mensch sein Leben lang Gedanken, ersinnt Methoden und Medikamente, die sein Leben verlängern, und versucht dem ›Sensenmann‹ davonzulaufen, solange es geht. Er vergisst manches Mal, dass er noch lebt, solange er darüber sinniert, was NACHHER aus ihm wird. Wissenschaft und Technik ermöglichen einen gewissen Aufschub, wird es gelingen, der Tatsache zu entfliehen. Solange es ihn nicht betrifft, kann der Mensch töten oder den Tod anderer gut verkraften. Der Gedanke an den eigenen Tod schreckt ihn. Seine Lösung: Kinder in die Welt zu setzen; etwas Beständigeres schaffen, ein Kunstwerk, ein Denkmal oder Ähnliches, das Generationen überdauert.

Niemand vermag zu beschreiben, was nach uns ist, potenzieren sich die Gerüchte darüber ebenso ins unermessliche. Die Ideen über den Tod und seine Substanz werden weiterleben, wie über das Leben die unterschiedlichsten Geschichten geschrieben werden. Das ist unsterblich. Alles Fassbare stirbt mit der Zeit, das Unfassbare überdauert alle Zeiten. Das Leben jedes einzelnen Menschen, jedes Leben ist unvergänglich, wenn der Körper sich von der Seele und dem Geist ablöst, sobald dessen Aufgabe erfüllt ist. Das geistige und seelische Potenzial überlebt, deren Aufgaben erfüllen und vollenden sich. Das Vermächtnis der Gefühle und Gedanken lebt in jedem Menschen weiter. Und solange es Menschen auf der Welt gibt, werden diese Anlagen das Bild des Menschen formen. Der Garten wird bleiben, wenn der Gärtner kündigt. Es wird einen neuen

Gärtner geben, der seine Aufgaben übernimmt, es bleibt zurück. Die Arbeit an diesem Garten, welcher Art sie war, wird zu sehen sein. Sie wird sich wandeln, verändern. Und sie wird beendet sein. Der Tod ist unser Leben, sobald wir uns seiner bewusst werden. Das Leben ist der Weg, der Tod das Ziel allen Seins und Werdens. Um den Thanatos – dem Streben zum Tod – dreht sich unser Leben. Vor diesem endgültigen Ende unseres irdischen Lebens liegen siebzig Jahre, mehr oder wesentlich weniger. Egal, wie lange wir auf Erden weilen, wir haben genug Zeit, all unsere Ziele zu verwirklichen. Wir müssen sie definieren und darauf zugehen. Wenn ein Mensch seine Ziele wahrhaftig verfolgt und an ihnen arbeitet und sie den sich wandelnden Voraussetzungen anpasst, hat er keine Zeit, sich über verlorene Jahre zu beklagen, weil sie nicht vertan waren, egal wie lange er die Früchte seines Lebens genießen darf. Das Leben und der Tod sind Weg und Ziel zugleich – für jeden Menschen, für den einen mehr, für den anderen weniger. Solange der Mensch in dem Garten wandelt, ist er ihm verpflichtet, ob er will oder nicht. Es gibt Menschen, denen liegt daran, alles zu geben; und es gibt Menschen, die beschränken sich auf das Mindestmaß, um den Garten am Leben zu erhalten bzw. nicht sterben zu sehen. Der Garten kann noch viel mehr, mehr als ein Gärtnererreichen kann. Er ist Basis und Summe aller Gedanken, Fantasien, Taten und Gefühle der Menschen, die gelebt haben, die heute leben und derjenigen, die morgen leben werden.

Es mag schwer sein, sich die Größe des Gartens auszumalen oder die Ausmaße des Universums zu berechnen. Das Größenverhältnis im Bezug auf uns als Gärtner stimmt. Dieser Garten ist ebenso groß wie das Weltall, welches wir definitiv ergründen werden; wir können und müssen es versuchen. Sowie mit dem Auge zweitausend Sterne zu sehen sind, und mit besseren Teleskopen sich die Anzahl der sichtbaren Gestirne im Weltall multipliziert, wächst die Anzahl unserer Pflanzen, die Größe des Gartens – mit jedem Augenblick, den wir darin verbringen, ihn und seine Pflanzen pflegen und bewahren. Das Leben ist zu kostbar, als dass man es verwerfen könnte, ebenso wenig wie die Fantasie von außerirdischer Intelligenz. Wer sagt, dass wir die Intelligenz dieses Gartens sind? Wer sagt, dass unser Garten der Einzige, beste ist? Es gibt Millionen schönere, größere. Der eigene Garten ist für jeden persönlich der schönste. Wir haben eine einzige Chance, uns als Gärtner zu bewähren und zu beweisen: Wir müssen uns der Herausforderung stellen und die Zeit sinnvoll nutzen. Sowie jede Sekunde unseres Lebens einzigartig und einmalig ist, ist es die Summe aller Sekunden und Augenblicke, die wir in diesem Garten wandeln dürfen. Es ist nicht unser Verdienst, dass wir da sind, es ist unser Werk, was wir daraus machen. Wenn wir nichts daraus machen. Niemand kann für den anderen leben, denken, fühlen oder handeln. In erster Linie lebt jeder für sich und seine Wege und Ziele, das Füreinander kommt später. Es ist nicht klar zu trennen. Wir bearbeiten das Beet eines anderen mit, weil wir gerade mit ihm unterwegs sind und er uns braucht. Und an anderer Stelle, an der nächsten Wegbiegung, bedürfen wir der Hilfe gerade des Menschen, dem wir zuvor geholfen haben. In dieser Gemeinsamkeit sind wir stark, weil wir zusammen unsere Ziele erreichen: Die Gestaltung eines Teils des Gartens, eines Weges, den wir gemeinsam gegangen sind. Niemand lebt für sich. Und wenn die Zeit gekommen ist, kann es geschehen, dass man sich an einer Wegbiegung trennt, weil man unterschiedliche Ziele verfolgt. Die Erinnerung an den gemeinsamen Weg bleibt.

Und geht man in der Erinnerung diesen Weg zurück, werden die Erlebnisse wach, als ob es keine Erinnerung wäre. Wenn ein Mensch beginnt, seinen Garten zu erleben, wird dieser mit jedem Tag größer und abenteuerlicher, unüberschaubarer. Mit jedem Tag, mit jedem Stück Weg, entfernt sich der Mensch mehr von seinem Ursprung, mit jedem Erlebnis, mit jedem Stück Freude, mit jedem Augenblick der Trauer, wird sein Garten sein Gesicht ändern. Mit jedem Gefühl, das er einbringt, mit jedem Handgriff, den er tut, und mit jedem Gedanken, der seine Schritte lenkt, wird der Garten zu einem einzigartigen Erlebnis, das unwiederbringlich ist.«

Rainer hatte Mühe, den Bildern zu folgen. Die Flut der Eindrücke erschöpfte seine Kraft. Es machte ihm Spaß, in diesem Garten umher zu wandeln.

»Für ein Kind scheint den ganzen Tag die Sonne, egal, ob man als Erwachsener es versteht. Ein Kind, dessen Wahrnehmung noch nicht alles erfassen kann, erlebt diesen Garten als das Einmalige, das er ist. Der Blick ist noch ursprünglich und naiv, frei von Angst und Vorurteilen. Es freut sich noch über scheinbar unwichtige Dinge, wie das kleine, unscheinbare Pflänzchen am Wegrand, dessen Existenz er als Erwachsener nicht mehr bemerkt. Es ist neugierig auf alles, was um es herum ist. Alle Dinge haben für das Kind den gleichen Stellenwert. Später bemisst es den Wert eines Erlebnisses, einer Sache oder eines Menschen mit rationalen, materiellen Maßstäben. Welchen Nutzen ziehe ich aus dieser Sache? Was kostet es mich, wenn ich jenes mache? Bringt mir diese Beziehung Geld, Einfluss, Macht? Wie kann ich den Preis drücken, damit ich größeren Profit daraus ziehe? Der ideelle Wert einer Sache, eines Gedankens, eines Weges bleibt oftmals außen vor.

Ein Kind ist viel ehrlicher und offener. Es sieht in erster Linie in allem Gutes, Positives; es unterscheidet nicht nach materiellen Werten. Es spielt mit Kindern, die kein eigenes Spielzeug haben. Wenn es größer wird, lernt es, dass Gefühl und Fantasie nicht alles ist. Es erkennt den eigenen Vorteil, dem anderen das Spielzeug wegzunehmen, um es für sich zu haben. Und es lernt, dass man mit Kindern, die nichts haben, nicht spielen sollte.

Es wird erwachsen und setzt seine Erfahrungen um. Im Laufe der Jahre wird aus einem unschuldigen Kind ein erwachsener Mensch, der mehr auf eigenen Vorteil bedacht ist und dessen Naivität für eigenen materiellen Wohlstand auf der Strecke bleibt. Die Umwelt kann das Kind zu sozialen Werten und offenem Handeln erziehen, das positive Ergebnisse mit sich bringt. Und aus einem unschuldigen Kind wird ein erwachsenes Wesen, das weniger ichbezogen ist, das für andere Stütze und Hilfe ist, ohne permanent auf eigene Vorteile zu schielen.

In vielen Gärten wachsen kostbare Blumen, seltene Sträucher und exotische Bäume. Aber man vermisst Dinge wie Geborgenheit, Frieden und Leben. In diesen Gärten regiert die chemische Keule, die manch liebenswert anzusehendes Unkraut oder nützliches Ungeziefer wegätzt. Sie mögen schön anzusehen sein, geradlinig, steril und ordentlich, wohlfühlen kann man sich dort nicht. Und auf Dauer fehlt es: Das Ungeziefer, das Unkraut, die vielen Tiere, die davon leben, die Vielfalt lebendigen Seins, die in anderen Gärten möglich ist. Er muss nicht groß sein, der kleinste Garten mit Farbe ist schöner als der größte, der großflächig und einseitig bewachsen ist. Ein Leben auf einsamen Wegen ist nicht schön. Was habe ich von all den Reichtümern, wenn ich sie nicht teilen kann, wenn ich mich nicht mitteilen kann? Dann wird es still in mir, still wie in einem Garten, in dem es weder Unkraut und Ungeziefer noch morgendliches Vogelzwitschern gibt, der niemandem Freude bereitet. Der Garten bliebe isoliert, könnte niemandem Schutz bieten.

Das Leben ist nicht isoliert zu betrachten, weil viel zu viel davon abhängt und niemand ohne den Austausch mit anderen leben kann. Wer seinen Garten abwechslungsreich gestaltet, führt ein ebenso vielfältiges und spannendes Leben. Gerade das ist ungeheuer wichtig im Hinblick auf die Tatsache, dass uns die Erinnerungen und die Träume inspirieren und mit kindlicher Neugier ausstatten, alle denkbaren Winkel auszukundschaften. Sie geben uns die Kraft, Neues auszuprobieren, Niederschläge zu verkraften und Freude über noch kleine Erfolge zu empfinden. Ohne die Erinnerungen und Träume veröden die Beete und verwelken wertvolle Pflanzen. Es wachsen neue Triebe, die den Fortbestand der eigenen Spezies sichern. Diese neuen Triebe machen das Leben zum schönsten, farbenprächtigsten Abenteuer, zur Auseinandersetzung mit sich und seiner Umwelt, zum einzigen, wofür zu leben lohnt. Durch neue Erlebnisse, Erfahrungen und Gedanken entstehen Visionen einer Welt, in der man leben möchte. Eine stagnierende Fantasie verkümmert wie das kleine Pflänzchen, dem der Gärtner keine Aufmerksamkeit mehr schenkt. Wer gedankenlos und leichtfertig durch seinen Garten eilt, kann nicht die Schönheit des Gesamten erkennen. Wer sich vor neuen Eindrücken verschließt, kann nicht wachsen und gedeihen.

Und wenn der Mensch an seinen Erfahrungen nicht wächst, wenn sein Leben in gleichen Bahnen abläuft, gleich einem Uhrwerk? Wenn er auf den ausgetretenen Pfaden seines Gartens wandelte? Ich denke, er wäre es bald leid und würde sich an erstbester Stelle niederlassen, um dort zu sterben, ohne den wahren Sinn seines Lebens erkannt und für sich geschaffen zu haben, auf was er mit Freude und Selbstbewusstsein zurückblicken könnte. Es gäbe nichts, was er der Welt schenken und worauf er stolz sein könnte. Seine Ideen verlören sich im ausgetrockneten Sumpf der Einsamkeit, seine Erinnerungen legten sich erdrückend auf die zarten Pflanzen, sie nähmen ihnen die Luft und das Licht zum Atmen. Sein Körper würde anfällig für harmlose Krankheiten. Sein Selbstheilungstrieb verkümmerte und langsamstetig käme es zum unausweichlichen Stillstand seines Lebensmotors.

Schnee bedeckt die Brachen seiner Seele, des Geistes und des Körpers und lähmende Stille umgibt ihn, wenn er endlich mit Tränen in den Augen auf sein Leben zurückblickt. Dann kriecht in ihm das Gefühl herauf, ein zweites Mal zu sterben. Ein Mensch ohne Fantasie, ohne Antrieb und Neugier auf die Gegenwart und Zukunft, verliert die Kraft, aus der das Leben entspringt. Er lebt nicht, er ist tot, bevor er gestorben ist. Wie aus einer welkende Pflanze das letzte Fünkchen Leben weicht.

Unser Garten ist ein Geschenk, mit dem jeder Einzelne sorgsam umgehen muss, es gibt keine wirkliche zweite Chance. Wer einen falschen Weg beschreitet und sich mit Menschen umgibt, die ihm die Luft zum Leben nehmen, oder wer sich unüberlegt von guten Pflanzen und Beeten trennt, bereut es später. Ein umgepflügtes Beet lässt sich vage rekultivieren, es werden andere Pflanzen der gleichen Art sein, mehr dieselben, die er zuvor verworfen hat. Er wird daraus lernen, zukünftig genauer hinzusehen, was er tut. Die Wege werden Teil von ihm, wie die Gedanken und Erfahrungen, die er damit verbindet. Sie werden ihn begleiten, wie das Immergrün, das jeden seiner Wege säumt. Und die Menschen, denen er begegnet, werden Teil seiner Geschichte, gestalten sie mit, verändern sie und er verändert deren eigene. Die Eltern bleiben ein Leben lang Eltern, Erfahrungen, Abenteuer und Banalitäten unserer Kindheit graben sich tief in unsere Seele ein und bestimmen die weiteren Geschehnisse. Der Garten unserer Vorfahren gestalten das Aussehen unseres eigenen, er wird Teil eines Ganzen, das sich weiter entwickelt, über unsere Zeit hinaus.

Man kann sich nach vielen Jahren der Wege und der Pflanzen erinnern, die dort wuchsen, wenn man in Gedanken diesen Weg ein zweites Mal geht. Nicht lange und die Erinnerung ist frisch und lebendig. Das kann ein Segen oder ein Fluch sein. Was tief vergraben und verloren schien, kommt hoch, wie sich gerade alte Menschen an Zeiten erinnern, an Begebenheiten, Menschen, Daten und Namen, die Generationen lang in ihrem Unterbewusstsein geschlafen haben. Dann wird die Vergangenheit zu erlebter Gegenwart. Dann scheint es erst gestern gewesen zu sein, dann wird der Mensch in Gedanken zu dem Kind, das er war, als das Gestern für ihn das Heute war. Genauso blickt der Mensch auf seine Geschichte zurück, egal ob sie zwanzig oder siebzig Jahre währt. Im Laufe des Lebens durchläuft man ebenso Entwicklungsstufen wie die restliche Natur. Wie das Jahr in Abschnitte eingeteilt ist, ist es das Dasein des Menschen. Im Frühling seines Lebens ist er Kind; ein Kind mit ungenauen Vorstellungen, wie sein Leben funktioniert und was das überhaupt sein soll. Dieses Kind läuft in der Regel neugierig und scheinbar schwerelos über blühende Wiesen und durch eine Welt, die jeden Tag neu und abenteuerlich ist. In dieser Zeit lernt es physisch laufen, auf beiden Beinen zu stehen und im Spiel mit allen Dingen die Welt um sich begreifen. In dieser Zeit wachsen an seinen Bäumen die ersten neuen Triebe und ganze Heere Gänseblümchen auf den Wiesen. Es scheint wie von Geisterhand geführt zu werden, und es findet seinen Weg durch die Zeit. Sie vergeht, ohne dass ihm bewusst ist, was ein Jahr, ein Tag oder eine Stunde ist. Es wächst heran und beginnt allmählich zu verstehen, dass nicht alles ein Spiel ist. Es wird älter, aus dem Jungen wird ein junger Mann, aus dem Mädchen eine junge Frau. Es wird erwartet, dass man erste eigene Aufgaben übernimmt, kleinere Beete und Felder bestellt und die ersten Schritte geht. Du bist erwachsen, sieh zu, was du tust, du bist verantwortlich. Man rutscht in die dritte Phase, in der man wenig Hilfen bekommt, sie nicht will. Jetzt zeigen sich die ersten Früchte. Und man muss sie nehmen, wie sie sind.

Und endlich gleitet man mehr oder minder heftig und unbemerkt, in die schönste und gleichzeitig traurige Phase des Altseins. Man blickt zurück auf einen Garten, der unvergleichlich und einzigartig ist. Man blickt auf ein Leben voller Erlebnisse, Ereignisse, Abenteuer und Ruhepausen zurück, und der Garten verschweigt nicht die vielen Jahre der Arbeit, die man eingebracht hat. Man sieht seinen Garten in Vollendung, wie er schöner und einzigartiger nicht sein kann. Man erkennt Fehler im Mosaik der Beete und Wege, würde das eine oder andere noch richten wollen, ist keine Zeit. Und das ist das Traurige daran; erst wenn die Arbeit getan ist, wenn man nach all den Jahren endlich die Gesamtheit seines Gartens erkennt, ist es zu spät, noch Korrekturen vorzunehmen. Dann muss man das Ergebnis akzeptieren und lernen, sich an den Gegebenheiten zu orientieren. Was vorher noch möglich gewesen wäre, ist endgültig, wie eine Skulptur, die aus dem Stein gehauen wurde; Fehler im Detail sind nicht mehr auszugleichen.

Der Tod ist Ziel allen Strebens und Lebens. Sei es, dass Pflanzen vergehen oder Tiere verenden. Der Mensch kann ihm ebenso wenig entfliehen, in seinem Tod vollendet sich sein Werk und Wirken. Sein Garten lebt davon, dass das eine stirbt, damit anderes erst entstehen kann. Man kann diesen Weg nicht zweimal gehen, man müsste einen neuen Stein behauen, es wäre eine andere Skulptur, ein anderes Leben. Man hat genügend Gelegenheit, in anderen Gärten zu wandeln und mit seinen Erfahrungen und Ideen andere Gärten mitzugestalten. Man hat nicht unendlich viel Zeit, sich in anderen Gärten ein zweites Mal zu beweisen. Rainer, eines Tages wirst du mich verstehen. Dieser Garten ist nicht das Paradies. Es kommt ihm verdächtig nahe, wegen der Einzigartigkeit der Pflanzenwelt, der Tierwelt und der Abenteuer, die es bietet, wegen der

Herausforderungen, die wir gierig annehmen oder denen wir uns zaghaft nähern. Nicht zuletzt unsere Fantasie, unser Mut und unsere Fehlbarkeit machen daraus das Paradies, in dem wir leben wollen und können – trotz und wegen des Unkrauts, das die Äcker überwuchert, und der Schädlinge, die unsere Ernten vernichtet haben. Trotz unserer Fehler, die wir nicht korrigierten, weil wir es nicht konnten, trotz der Schwächen, die wir nicht bekämpft haben. Rainer, ein Leben gleicht keinem zweiten, kein Garten ist die Kopie eines anderen. Das macht jeden unsterblich – und damit für uns zum Garten Eden.«

Er war sich nicht, ob er alles verstanden hatte, er würde darüber nachdenken. Im Augenblick wollte er zuhören und in Gedanken weiter durch diesen Garten wandern, der ihm vertraut geworden war. Auf seiner Wanderung durch diesen Garten fand er viele Wege, die er gegangen war. Und noch mehr unausgesprochene Fragen begleiteten seine Schritte. Die letzten Worte verhallten in der Stille und hinterließen eine gespannte Stille. Augenblicklich starben die Bilder, die den Monolog der unsichtbaren Stimme begleitet hatten. Die Erinnerung daran blieb vor Rainers geistigem

Auge lebendig. Diese Zwiesprache war ein langwieriger Prozess, in dem er begann, sich mit seiner Identität, seiner Rolle in der Gesellschaft auseinanderzusetzen. Ihm schien, dass die Geschichte des Gartens viel mehr mit ihm zu tun hatte, als er auf den ersten Blick erkennen konnte. Er würde bald verstehen, warum diese Stimme sich in sein Leben eingeschaltet und diese Geschichte erzählt hatte. Noch war er weit davon entfernt, dem Sinn auf die Spur zu kommen. Eins war ihm klar: Nichts würde sein, wie es bisher für ihn gewesen war, wenn er erst dessen Bedeutung erkannte. Dann musste sich sein Leben grundlegend ändern.

Die Mauer

Aus welchem Grund hatte sie ihm von diesem Garten erzählt und darin wandern lassen? Was war mit den Metaphern tatsächlich gemeint? Was sollte das alles? Was hatte er damit zu tun? Welcher Sinn verbarg sich dahinter? Was würde sich für ihn ändern, wenn er das Motiv der namenlosen Stimme erfuhr? Das schien das Paradies zu sein. Wenn dieser Garten sein Leben war, warum fühlte er sich fremd und unwohl? Wenn er sich ein Bild seines eigenen Gartens machte, wusste Rainer nicht zu sagen, wie dieser aussehen sollte. Eines wurde ihm bewusst; wie sein Lebensgarten in seinen Gedanken bisher war, konnte er nicht bleiben, wenn er glücklich sein wollte.

Die Ohnmacht, sich diesen Erkenntnissen nicht entziehen zu können, machte ihm Angst. Auf geheimnisvolle Weise fühlte er sich zu diesem unbekannten Wesen hingezogen, obwohl er nichts darüber wusste. Soviel sie gemeinsam zu haben schienen, sie unterschieden sich. Sie faszinierte ihn und er fühlte sich bei ihr geborgen. Er fühlte sich gefangen und frei zugleich. Erstmals im Leben fühlte er sich verstanden und angenommen.

Seit sie sich kennengelernt hatten, gewann Vieles in seinen Augen neue Bedeutung, anderes verlor Gewicht. Die wesentliche Antwort auf die Frage nach seinem eigenen Weg und Ziel fand er nicht.

In der Folgezeit unternahmen sie imaginäre Spaziergänge. Rainer lief über die Wege und Felder, begleitet von zwei magischen Händen. Sie beobachteten die Tiere, betrachteten die Flora oder genossen das herrliche Vogelgezwitscher. Plötzlich verdunkelte sich der Himmel. Er begann sein Leben mit anderen Augen zu sehen, obschon ihm nicht bewusst war, was sich geändert hatte. Ihm wurde bewusst, dass sein Leben viel schöner wäre, wenn er sich in seinem Garten genauer umsah. Er war der Steigbügelhalter, von dem sie ihm erzählt hatte, er wurde gelebt, statt sein Leben in die Hand zu nehmen. Wenn er sich fragte, welchen Weg er gehen sollte, wurde ihm Angst, er hatte nicht gelernt, eigene Wege zu suchen, ihnen zu folgen und die Konsequenzen zu tragen. Es hatte stets jemanden gegeben, der ihm die Entscheidung abnahm. Seine Eltern hatten es ihm bisher leicht gemacht, sie hatten für ihren Sohn alle denkbaren Steine aus dem Weg geräumt. Das hatte ihn unselbstständig und unfrei gemacht, dass es ihm jetzt nicht leicht war, seinen eigenen Weg zu finden.

»Weißt du, wo wir hier sind, Rainer?«

»Das ist der Garten, von dem Du mir erzählt hast«, stutzte Rainer. Er sah sich mit Bildern seiner Kindheit konfrontiert. Alles schien geordnet zu verlaufen, störte dieses Bild. Er sah sich einer Marionette gleich von unsichtbaren Fäden geführt. Fäden, an die er sich klammerte, die ihn gleichzeitig in seinen Bewegungen hinderten. Er sah seine Eltern, wie sie ihm jeden Weg zu erleichtern suchten, wie sie ihm vorangingen und ihn leiteten. Alles verlief ruhig, zu ruhig. Er gewann den Eindruck, als hätte dieser kleine Junge eine große Frage auf den Lippen. Wenn er versuchte, sich von der Bindung zu befreien, zog sie sich enger zusammen. Und wenn ein Faden riss, weil er zu ungestüm war, dann stand er unsicher und ängstlich still, bis die Fäden wieder verknotet waren. Und mit jedem Knoten ließ er sich mehr und mehr fallen. In seiner Angst, einen falschen Weg zu verfolgen oder Unrechtes zu tun, tat er nicht viel mehr, als seinen Eltern zu folgen. Obwohl der Drang stärker wurde, sich von diesem Halt und den Fesseln zu befreien. Er erinnerte sich daran, dass er von klein auf

Angst vor der Einsamkeit gehabt hatte. Die Tür seines Zimmers musste einen Spaltbreit offenstehen, damit es nicht dunkel war. Die Anwesenheit seiner Eltern im Nebenzimmer beruhigte ihn. Aus dieser kindlichen Angst war mit den Jahren Gewohnheit geworden, die gleich den Fäden zu seinem Leben gehörte. Und die unsichtbaren Hände auf seinen Schultern erfüllten den gleichen Zweck. Ich muss einen Weg finden, aus diesen Fesseln auszubrechen, dachte er bei sich, während er dem Weg folgte, der vor ihm aus dem Nichts zu entstehen schien.

»Welche Fesseln meinst du?«

»Ich weiß nicht. All die Fesseln, die mich daran hindern, in dem Garten zuhause fühlen zu können.« Er blieb einen Moment stehen. »Habe ich jetzt was Falsches gesagt?«

»Nein«, entgegnete die Stimme tonlos. Rainer glaubte, dass sie wusste, wohin der Weg führte. »Na, ich weiß nicht, wie ich es ausdrücken soll.«

Er hockte sich auf einen Baumstumpf.

»Wenn du sagst, dass der Garten mir gehört, frage ich mich, warum ich das nicht merke. Warum hättest du mir davon erzählt, wenn nicht mehr dahinterscheckte? Ich will nicht in meiner Vorstellung glücklich sein, sondern in Wirklichkeit.«

»Ich kann dir zwar helfen und raten, die Entscheidungen triffst du für dich«, hatte es ihm eingeschärft. »Ich kann dir zeigen, was ich weiß. Ob du es für dich verwendest, darauf habe ich keinen Einfluss. Und wenn du jetzt sagst, ich solle dich verlassen, werde ich gehen, wie ich gekommen bin.«

Das wollte Rainer überhaupt nicht! Ohne diese Hände hätte er sich nicht zurechtgefunden. Er hatte Gefallen daran, sich mit ihnen zu unterhalten und durch diese fremden und abenteuerlichen Welten zu wandern. Das alles hatte sein Denken beeinflusst, und er ahnte, dass es für ihn noch wichtiger würde. Es ging um sein eigenes Leben, um seinen Garten, in dem er bisher Helfer war und nicht der Gärtner. Nichts wünschte sich Rainer in diesem Augenblick sehnlicher, als den fremden Gärtner aus seinem Leben zu vertreiben und dessen Arbeit zu vollenden. Oder musste er einen neuen Garten suchen? »Wenn ich dich nicht hätte, wüsste ich nicht, dass ich nicht Herr in meinem Garten bin. Und ohne dich finde ich nicht den Weg, der mir verborgen bliebe.«

»Du wirst noch viel lernen müssen«, bestärkte ihn die Stimme. »Alles wird sich finden, wenn die Zeit gekommen ist.«

Rainer beschlich eine unbestimmte Angst. Er musste sich damit auseinandersetzen: Mit dem Garten, der nicht zu ihm gehören wollte, und mit den Fragen, die das Ich bislang nicht beantwortete.

»Ich möchte endlich wissen, wer ich bin.«

»Weißt du es nicht?«

»Ich weiß nichts mehr«, erwiderte er nachdenklich. »Es wird immer schwerer, ihn mir als mein Leben vorzustellen. Bin ich hier zu viel?«

»Das musst du mir erklären. Du bist hier, dann ist es dein Leben. Was sollte anders sein?«

»Ein Teil stimmt nicht.«

»Und welcher, wenn ich fragen darf?« Die Hände gruben sich in sein Hemd.

»Ich weiß nicht, wie ich es ausdrücken soll.«

»Komm mit, ich will dir was über eine Mauer erzählen. Sie stand in der Gegend herum, ohne dass es einen Grund brauchte. Auf der einen Seite war es hell und schön, wie hier, Rainer. Kein Schatten verdunkelte die hellen Farben und nirgends erklangen Misstöne. Die

Menschen, die hier lebten, machten einen unzufriedenen oder unglücklichen Eindruck. Das Schicksal meinte es gut mit ihnen. Auf der anderen Seite der Mauer sah es nicht viel anders aus. Da war Sonne, und die Menschen mussten für ihr Leben ebenso hart arbeiten, hatten Erfolg und waren zufrieden. Es gab ein paar, die sich nicht mit dem abfinden wollten, was ihnen das Leben bot. Sie waren unglücklich, weil es das Schicksal nicht gut mit ihnen meinte. Es gelang ihnen nicht, die Bedingungen zu akzeptieren. Sie waren auf der Suche. Und sie waren die Einzigen, die sich an der Mauer störten. Sie vermuteten ihr Glück gerade auf der anderen Seite, sie meinten, dass dort die Welt viel schöner wäre und sie dort leben könnten.«

»Woher wollten sie das wissen?«, unterbrach Rainer. »Und was dann?«

»Eines Tages erstiegen sie die Mauer, um sich Gewissheit zu verschaffen, und als sie über die Mauer blickten, geschah Folgendes: Die meisten arrangierten sich mit ihrer Seite, weil sie feststellten, dass sie es auf der anderen Seite nicht viel besser getroffen hätten. Sie versuchten, das Beste aus ihrem angestammten Leben zu machen. Dann gab es diejenigen, die sich auf ihrer Seite überhaupt nicht mehr zurechtfanden. Sie saßen auf der Mauer und schauten sehnsüchtig auf die andere Seite. Von dort oben hatten sie einen guten Blick auf beide Seiten. Es fiel ihnen schwer, in ihr Leben zurückzufinden. Manche hatten Glück, sie fanden Menschen, die ihnen Halt gaben und für sie da waren. Sie lernten, die Bedingungen ihres Schicksals zu akzeptieren. Viele wurden glücklich.«

»Wie können sie glücklich werden, wenn sich ihr Leben nicht änderte? Wie kann man damit glücklich sein?«

»Sie hatten eine Familie und Freunde, die ihnen halfen. Wenige saßen öfter dort oben, sie hatten niemanden, der sich ihrer annahm. Sie wollten es nicht. Zu groß war der Drang, sitzenzubleiben und zu träumen. Sie träumten sich auf die andere Seite. Obwohl sie wussten, die andere Seite würde ihnen verwehrt bleiben.«

»Was machen sie dann? Sie können nicht ewig auf der Mauer bleiben.«

»Sie müssen sich einen Weg suchen. – Hast du darüber nachgedacht, was mit ihrem Leben, ihrer Arbeit geschieht, wenn sie da oben auf der Mauer sitzenbleiben?«

»Die Arbeit wird liegenbleiben, denke ich.« Rainer blieb einen Augenblick stehen. »Es wird sich keiner finden, der sie beendet.«

»Die Äcker werden verdorren. An eine gute Ernte ist nicht mehr zu denken. Und sie werden verdorren.«

»Was müsste geschehen, damit das nicht passiert?«

»Sie müssen sich entscheiden. Sie haben es in der Hand, aus ihrem Leben ebenso viel zu machen. Es wird ihnen keiner helfen, wenn sie nicht darum bitten. Die Entscheidung ist ihre Sache. Wenn sie da oben sitzenbleiben, wird nichts passieren. Wenn sie von der Mauer heruntersteigen und stets an das Leben auf der anderen Seite der Mauer denken, wird nicht viel mehr passieren.«

Diese Worte hinterließen in Rainer eine Spannung, die er bislang nicht gekannt hatte. Sie setzten ihren Weg fort, obwohl er nicht ahnte, wohin sie überhaupt gingen. Keinen der Wege, die sie gingen, war er zuvor gegangen; kein Gedanke, den sie auf ihrem Gang austauschten, war ihm vordem in den Sinn gekommen. Er fühlte sich nicht fremd und die Gedanken waren ihm nicht neu. Alles, was er bisher vernommen hatte; all die Dinge, die es ihm erzählte und erklärte, klangen logisch. Rainer wurde das Gefühl nicht los, dass mehr dahintersteckte, als er bislang erfassen konnte. Ihr Weg führte an vielen Beeten vorbei, auf denen er Teile seines Lebens wiederfand. Wie kam es, dass sie hier waren?

»Rainer, ich weiß, dass das für dich alles verwirrend ist, du wirst bald erkennen.« Die Hände schoben ihn stetig voran. »Gedulde dich. Ich werde dir bald deine Fragen beantworten.«

»Du bist anders, stark und wissend. Du scheinst alles von mir zu wissen. Was habe ich? Einen Händedruck auf meinen Schultern und eine Stimme, die anders als meine ist, weicher und doch fest. Einen Namen habe ich nicht für dich. Und doch habe ich das Gefühl, dass ich mehr von dir weiß, als ich es im Moment beschreiben kann. Wer bist du?« Rainer griff auf seine Schultern, er hatte nichts Greifbares in der Hand. Die Frage nach der Identität seines Begleiters wurde für Rainer zu einer festen Größe seiner Gedanken, die ihn nicht mehr beruhigen konnte. Aufgewühlt und voller Sehnsucht trieb es ihn vorwärts.

»Du wirst bald wissen, wer ich bin. Lass uns weitergehen, wir sind da.«

»Wohin führst du mich?« Erstmals hatte er das Gefühl, dass sein Ich ihm nicht alles sagte. »Gib mir endlich Antwort!«

Die Hände schoben ihn energisch vorwärts. Sie gingen eine Weile schweigend durch die Anlage, die einem riesigen undurchschaubaren Park glich. Er verstand die Welt nicht mehr. Hinter jeder Wegbiegung, jedem Baum erblickte er Dinge, die ihn an sein eigenes Leben erinnerten. An einer Weggabelung blieb er stehen, setzte sich an den Wegrand und griff in die Erde. Die Krume war trocken, leise rieselte sie durch seine Finger. »Hör mal, die ganze Zeit werde ich das Gefühl nicht los, dass wir hier durch meinen eigenen Garten gehen, zu vieles kommt mir bekannt vor und doch fühle ich mich fremd.«

»Es ist dein Garten, Rainer.« Die Hände legten sich fest auf seine Schultern. »Wenn Du es noch nicht erkennen kannst und dir vieles fremd vorkommt. Es ist dein Garten.«

»Wieso ist die Erde hier trocken, wenn es mein Garten ist?« Er sah ängstlich über seine Schultern auf die unsichtbaren Hände.

»Das ist nicht leicht zu erklären, ich will es versuchen. Du darfst nicht zuviel erwarten. Es ist mein Garten. All das, was du hier siehst, ist tatsächlich deines, wie es mir gehört. Ich bin dein Ich«, wurde Rainer erinnert.

Die Eindrücke dieses Spaziergangs, der abrupt geendet war, schwangen noch lange nach. Er hielt seine Gitarre in den Händen; sie schien ebenso verunsichert, sie klang traurig. Wann endlich würde er erkennen, was dieses Ich all die Zeit wusste? Wann endlich würde er eine Vorstellung davon bekommen, wer oder was sein Ich war?

Sein Blick wanderte zum Fenster, das die Ansicht auf seine Heimatstadt freigab. Da hörte er die unsichtbare Stimme. »Mach das Fenster auf, es ist schön draußen.«

Hier oben unter dem Dach hatte er eine ungefähre Ahnung von dem Treiben auf den Straßen. Die Abgase der Autos schienen in den Straßenschluchten hängenzubleiben. Der Wind trug seine Gedanken gen Himmel und sein Blick verlor sich in der Weite des blauen Gewölbes und in den Wolken, die vorüberzogen. Da sah er sich in seine Kindheit versetzt. Er sträubte sich, näher hinzusehen, eine unbestimmte Angst machte sich in seinem Herzen breit. Die Bilder verselbstständigten sich. Ohnmächtig ergab er sich seinen Erinnerungen, ahnend, dass damit seine Gegenwart ein neues Gesicht erhielt. Er sah sich als kleinen Jungen mit seiner Cousine im Planschbecken sitzen. Er trug ihren Badeanzug. Unbeschwert spielten sie miteinander. Seine Eltern saßen mit den anderen an einem Tisch in der Sonne. Sie unterhielten sich angeregt. Es war ihm, als wenn sie gerade über ihn lachten, wie er dort im Badeanzug im Wasser saß. Er fand es nicht zum Lachen, geschweige lächerlich. Oder? Was hatte das zu bedeuten? Er war ein Junge. Weshalb hatte es ihm nichts ausgemacht, den Badeanzug seiner Cousine zu tragen? Rainer wandte sich vom Fenster ab. »Verstehst du das?«

»Du wirst es bald verstehen.«

Tolle Antwort! Er kannte viele ähnliche Begebenheiten. Da hatte er sich frei gefühlt und glücklich. Das änderte nichts daran, dass er ein Junge war! Er erinnerte sich, wie wenig er sich aus all den Spielen gemacht hatte, die seinen Schulkameraden Freude machten. Sie waren ihm zuwider. Er hielt sich lieber bei den Mädchen auf, obwohl die sich durch ihn gestört fühlten, oder er träumte sich in die Welt, in der er glücklich war. Dort war alles hell und weit, und Musik erfüllte den Himmel. Er sah sich über weite Felder laufen und die Sonne trocknete die Tränen der Einsamkeit. Zärtlich strich der Wind über seine Arme und das nasse Gras an seinen Fesseln kitzelte. In solchen Augenblicken hatte er das Gefühl, nicht er zu sein – und doch fühlte er sich eins mit sich. Rainers Blicke verloren sich in der Weite des Himmels. Er lächelte in sich hinein. Dieses Bild ließ ihn aufmerken. Er trug einen Rock wie ein Mädchen. Es war ihm im Verlauf der Jahre zu einem unstillbaren Bedürfnis geworden. Wenn er Gelegenheit dazu fand, tauschte er die Hosen gegen den Rock, den er seiner Mutter entwendet hatte. In ihm hatte er sich frei und wohlgefühlt. Ebenso frei wie in Spanien, wo er als Kind ein paarmal mit seinen Eltern Urlaub gemacht hatte. Dort war er glücklich gewesen, weil er die Enge seines Lebens gegen die Weite des Ozeans eintauschen konnte.

Sein Blick wanderte in sein Zimmer zurück, er stützte sich auf die Fensterbank und ließ sich die Sonne auf den Rücken scheinen. »Kannst du mir verraten, was mit mir los ist? Warum lässt du mich diese Bilder sehen? Ich verstehe dich nicht.«

»Verstehst du es nicht?« Er fühlte sich an den Schultern zu seinem Sessel geführt. »Der

Garten, durch den ich dich geführt habe, die Erinnerungen, die ich dir wiederbringe. Dies sind unsere Gemeinsamkeiten.«

Was hatten diese Bilder mit dem Ich zu tun, das all die Zeit behauptete, seines zu sein? Was hatte seine Vorliebe für Mädchensachen damit zu tun? Fragen über Fragen türmten sich in ihm auf und trieben ihm Tränen in die Augen. Er spürte, wie salzige Spuren auf seinen Wangen hinterliefen, während er seine Gitarre zur Hand nahm. Sie klang dunkel und traurig, als wäre sie nicht richtig gestimmt. Instinktiv spürte Rainer, dass der Moment gekommen war, vor dem ihm am meisten angst war – den er in seinem Innern herbeisehnte wie nichts anderes auf der Welt. »Was soll ich jetzt machen? Ich finde mich nicht mehr zurecht. Hilf mir!« Rainer versagte die Stimme.

»Hab keine Angst«, hörte er die Stimme. Sie klang weicher und unbeschreiblich liebevoll. »Wenn du erkennen willst, dann lasse dich auf diese Gedanken ein. Sie brauchen dich nicht zu ängstigen, sie werden dir Klarheit verschaffen. Die Klarheit, die du all die Zeit suchst. Vertraue mir, Rainer. Du musst zulassen, dass dieser Gedanke sich freimachen kann. Schließe, bitte, die Augen.«

Er spürte deutlich die Hände, die sich kraftvoll und gleichzeitig sanft auf seine Schultern legten.

Er tat, was sein Ich von ihm erwartete, und schloss unsicher die Augen. In diesem Moment löste sich der Händedruck. Er fühlte sich in den Garten versetzt, in den Weiten seines Gartens, den er im aufsteigenden Nebel schwer zu erahnen vermochte. Ein dichter Schleier legte sich über die Szenerie, die Vögel verstummten und mit ihnen erstarb der Wind, der das Laub der Bäume bewegt hatte. Der feuchte Dunst verdichtete sich. Pflanzen, die gerade noch in der Sonne geleuchtet hatten, verloren ihren Glanz, und der Duft des Frühlings entschwand in den Tiefen des undurchdringlichen Nebels. Wie eine bleierne Glocke füllte er alles aus und verwischte die Konturen. Er sah sich über Wege schlendern, die ihm bekannt waren, dass ihm nicht angst wurde. Nichts rührte sich und kein Laut erreichte sein Ohr. Seine schwermütigen Schritte belebten die sich stetig wandelnde Szenerie. Manches machte ihm Angst, an anderer Stelle wurde ihm warm. An anderen Stellen begann er zu frösteln. Und sein Weg wurde begleitet von Bildern seines Lebens. Es waren nicht die besten und schönsten Erinnerungen, die jene Schattenspiele seines jungen Lebens formierten. Er sah sich einsam seiner Wege gehen, er sah die wenigen Freuden, die ihm sein Leben bisher geschenkt hatte. Dieser Rückblick war eine Art Abschied. Wovon? Eine dumpfe Ahnung trieb ihn vorwärts.

»Rainer, was machst du da? Wo willst du hin?«, rief sein Ich in die Stille hinein. Was sollte das?

Er ging seinen Weg.

»Rainer, bleibe stehen und höre mich an«, drang die Stimme an sein Ohr, traurig und ernst.

»Willst du das wirklich?«

»Was soll diese Frage?« Er blieb stehen, obwohl er viel lieber weitergelaufen wäre.

»Ich ahne, wohin du willst. Ich will dir Gelegenheit geben nachzudenken. Wenn du erst an der Mauer angekommen bist, wird es für dich kein Zurück mehr geben.«

»Das ist mir gleich. Du hast mir nicht umsonst von dieser Mauer erzählt«, entgegnete Rainer trotzig und ungeduldig. »Ich will wissen, ob sie mir die Antwort geben kann, auf die ich warte. Hoffentlich erfahre ich dort, wer ich bin.«

»Wenn du es willst, dann musst du diesen Weg gehen. Ob du findest, was Du suchst und was Du daraus machst, ist deine Sache. Ich kann da nicht mitkommen. Es ist dein Weg.«

»Du willst mich verlassen? Ich dachte, du seiest mein Freund. Ich dachte, du lässt mich nicht im Stich. Durch dich habe ich diesen Weg gefunden. Ohne dich wäre es mir nicht möglich gewesen.

Du kannst mich jetzt nicht verlassen! Du darfst es nicht!«

»Hier muss ich dich verlassen. Diesen Weg musst du ohne mich gehen, ich kann dir nicht helfen.« Mit diesen Worten verloren sich die Worte in den Weiten des Gartens. Kein Laut zerschnitt die Stille und nichts rührte sich. Dichter Nebel zog seinen grauen Weg durch die Unendlichkeit.

»Bist du noch da? Du kannst mich nicht verlassen!« Rainer schaute sich verängstigt um. Nichts rührte sich, kein Laut drang an sein Ohr. Er trocknete die Tränen und sah sich kurz um. Na gut, dann werde ich es alleine schaffen, dachte er bei sich, bevor er seinen Weg fortsetzte. Er hatte sich verstanden gefühlt, das Gefühl der Freundschaft und der Vertrautheit empfunden. Diese Hände bedeuteten ihm viel, dass ihm jetzt bewusst war, wie sie ihm fehlten. Sie gaben ihm das, was er vermisste: Geborgenheit, Verständnis, Freundschaft, Vertrauen und Sicherheit. Sie waren ein Teil von ihm.

»Ach, wenn du bei mir wärest! Ohne dich bin ich einsam. Ohne dich bin ich nichts.« Rainer war verzweifelt. Er fühlte sich leer und haltlos. Ihm fröstelte leicht, während er wie blind seinen Weg ging. In seinem Kopf schwirrten die Bilder seines Lebens durcheinander, sie ergaben keinen Sinn. Einzig seine unstillbare Sehnsucht trieb ihn vorwärts.

Der Wald wurde lichter. Er trat auf eine Lichtung hinaus, auf der sich der Nebel zur Ruhe bettete. Da sah er sie vor sich: Stark und unüberwindlich stand die Mauer im fallenden Nebel und ragte in den tiefschwarzen Himmel hinauf. Rainer erinnerte sich der letzten Worte seines unsichtbaren Freundes. »Sie verändert den Menschen. Du findest deine wahre Bestimmung, dein Ich. Sie bedeutet unendlichen Schmerz und Trauer und das Ende der Suche. Sie kann dir Schutz bieten und dich all deiner Illusionen berauben. Wer sie herausfordert und bezwingt, der überwindet sich. Wenn du oben angelangt bist, wirst du wissen, was ich meine. Nimm dich in Acht, ihre Antworten werden weitere Fragen schüren. Ich vertraue darauf, dass du weißt, was du willst, Rainer. Der Preis für die Antworten ist hoch, noch höher ist der Preis für die Frage, die du nicht gestellt hast. Du hast eine einzige Gelegenheit. Wenn du ohne Antwort von der Mauer heruntersteigst, ist alles verloren, wofür wir gekämpft haben.«

Er stand unter der Mauer und schaute besorgt und ängstlich hinauf. Sie war hoch und es schien kein Weg hinaufzuführen. Um ihn herum nichts als Leere. Ein kalter, scharfer Wind fegte ihm ins Gesicht und trieb ihm Tränen in die Augen. Die nächtliche Kälte hing in seinen Kleidern. Frierend und traurig hockte er sich an den Fuß der Mauer und überdachte seine Lage. Da war er seinem Ziel ein gutes Stück nähergekommen. Wenn ich hier sitzenbleibe, werde ich nicht erfahren, warum ich hierher wollte. Wie soll ich auf die Mauer gelangen? Es ist dunkel hier. Und was, wenn ich zurückginge? Nein, das geht nicht.

Er ließ seine Schultern hängen und erhob sich langsam. Dann tastete er sich vorsichtig an der Mauer entlang. Sein Herz klopfte laut bis zum Hals und kalt rannen ihm die Schauer über den Rücken. Er erkannte gerade vor sich eine steile Treppe. So sehr er sie sich gewünscht und herbeigesehnt hatte, jetzt verließ ihn der Mut. »Du musst dorthinauf«, sprach er laut, wie um sich Mut zu machen. »Reiß dich zusammen. Oder willst du ewig hierbleiben? Es gibt kein Zurück! Jetzt wo ich hierher gefunden habe, kann ich es nicht mehr ändern.« Er stellte einen Fuß auf die unterste Stufe. In diesem Moment erfasste eine ungeahnt leichte Stimmung sein Herz und die Angst verflog mit einem Mal. Gerade als er den zweiten Fuß auf die Stufe stellte, zog sich der Nebel um ihn noch enger zusammen. Stufe um Stufe erstieg er den schier endlosen Aufgang und mit jedem Schritt formulierte er die entscheidenden Fragen. Wer bin ich? Was ist mein Leben? Wohin führt mein Weg? Warum kann ich nicht glücklich sein? Er kam dem Licht näher und fühlte sich besser, wenn der Aufstieg nicht leicht war. Es schien, als ob jeder Schritt nach oben ein Schritt in die Gewissheit war. Er verspürte den Wunsch, endlich das Ziel zu erreichen, für das er die ganze Reise auf sich genommen hatte.

Die Landschaft lag in tiefer Dunkelheit unter ihm und kein Geräusch unterbrach die Stille der Nacht. Wehmut, Trauer, Angst und nicht endenwollende Sehnsucht erfüllten sein Herz. Sollte er diesen letzten Schritt wagen? War es unvermeidlich? Was würde aus ihm, wenn er diesen letzten Weg beschritt? Was, wenn die Antwort ihm das Herz zerriss? Was, wenn ich mit der Antwort nicht mehr leben kann? Was wird aus mir, wenn ich die Antwort habe? Rainer beschlichen Abschiedsgefühle, ähnlich denen, wenn man sich von Menschen verabschiedet, ohne zu wissen, wann und ob man sich wiedersah. Verzweifelt und unendlich einsam stand er dort und klammerte sich an die Stufen, die sich kalt und unnahbar anfühlten. Er wusste nicht, was er tun sollte. Er musste es wagen! Er musste über die Zinnen der Mauer blicken! Es war ihm möglich, endlich zu wissen, warum er überhaupt hier hinaufgeklettert war. Sein Blick wanderte ein letztes Mal hinunter in die Tiefe, aus der er emporgestiegen war. Dann nahm er allen Mut der Verzweiflung zusammen und erstieg die letzten Stufen, ohne sich umzusehen. Er ertastete er den Aufstieg und ließ sich auf eine der Zinnen nieder. Du musst der Wahrheit ins Auge blicken, dachte er bei sich, während sich seine Hände in den kalten Stein krallten.

»Normalerweise ist die Mauer für den Menschen dem Auge entzogen, sie wissen, dass sie da ist, sie ist für ihr Leben nicht wichtig. Wem sie wichtig geworden ist, der kann an ihr nicht mehr vorbei. Es wird ihn magisch zu ihr hinziehen. Rainer, ich habe dir nicht umsonst von der Mauer berichtet. Ich weiß, dass sie für dich wichtig ist, sie ist es ebenso für mich. Sie wird unserem Leben eine Wendung geben.«

Welche Wendung? Rainer saß mit geschlossenen Augen zwischen den Zinnen. Er hatte eine Ahnung, was die Mauer aussagte, er traute sich nicht, es zu Ende zu denken. Viel zu unglaublich war ihm, was sie ihm einreden wollte. Er spürte eine ungewohnte Wärme, die ihn durchfuhr. Die Anstrengungen des langen Weges und des beschwerlichen Aufstiegs waren Vergangenheit. Er wusste, dass er sich der Wahrheit nicht länger verschließen konnte.

»Rainer, Rainer. Worauf wartest du noch? Schau dich um. Dein Leben wird weitergehen.« Diese Stimme kannte er! Das war sein Freund! Und mit einem Mal spürte er sie, diese Hände, die ihn zuvor verlassen hatten. »Bis hierher war es ein schwerer Weg, und das, was kommen wird, wird alles und noch viel mehr von dir verlangen.«

Und mit einem Mal öffnete er die Augen. Ein feiner Nebel lag über der Landschaft, die jungfräulich einem neuen Tag entgegenstrebte. Die wärmende Sonne ließ die letzten Schwaden vergehen und gab den Blick frei auf eine schier unbeschreiblich schöne Landschaft. Alles erwachte und bald sah er sich einer Welt gegenüber, die anders war und in seinen Träumen nicht schöner gewesen war.

»Rainer, erkennst du es?« Die Hände ruhten sanft auf seinen Schultern. Jeden Winkel dieses Gartens hatte er in seinen Träumen gesehen. Diese Wirklichkeit übertraf seine kühnsten Erwartungen. »Das ist der Teil deines Gartens, den ich dir zeigen wollte. Und ich sehe jemanden, den ich dir vorstellen muss. Bitte schließe die Augen.«

Er tat, wie ihm geheißen, und wurde von unsichtbarer Macht getragen. Wenig später hatte er festen Boden unter den Füßen. »Rainer, du kannst die Augen öffnen. Das war es, was du all die Zeit wissen wolltest.«

Nichts lieber als das! Darauf hatte er die ganze Zeit gewartet! Was erwartete ihn jetzt? Rainer ahnte, dass es für ihn kein Zurück mehr gab und dass er diese Konfrontation gewollt und gesucht hatte. Sein Herz klopfte bis zum

Hals, und in seinen Handflächen sammelten sich die Tränen, die haltlos aus seinen Augen quollen. Ihm wurde abwechselnd kalt und heiß. Er gab sich einen Ruck und öffnete vorsichtig die Augen. Der Tränenschleier verhinderte, dass er das Geschehnis gleich erfasste. Mit jeder Sekunde, mit jeder Träne, die ihren Weg aus seinen Augen fand, entstand ein deutlicheres Bild, dem Rainer sich nicht mehr entziehen konnte. Und dann sah er eine Frau aus dem morgendlichen Dunst auf ihn zukommen. Wer war sie? Was wollte sie von ihm?

Eine helle Stimme empfing ihn. »Ich habe dich erwartet. Übrigens, mein Name ist Nicole.«

Die letzten Worte verhallten in den Weiten. Rainer durchfuhr es wie ein Blitz, und im nächsten Augenblick brach alles aus ihm heraus. Das war es, was er die ganze Zeit gesucht hatte! Sie war sein Ziel und würde ihm all seine Fragen beantworten. Er war am Ziel angelangt! Nicole war sein Ich. Das wurde Rainer mit aller Macht bewusst. Tränen schossen ihm in die Augen, diesmal war es Tränen der Erleichterung. Woher die Gewissheit kam, wusste er nicht zu sagen. Er fühlte sich auf seltsame Weise mit ihr verbunden; ein Gefühl, wie nach Hause zu kommen, beschlich ihn. Nicole war sein Ich, somit war sein Ich das Ich einer Frau! Rainer wurde schlagartig klar, dass sie es war, die er all die Zeit gesucht hatte, dass sie es war, zu der es ihn magisch hingezogen hatte. Wie konnte das sein? Gleich, als er sie sah, war ihm klar, welche Bedeutung sie für ihn hatte. Das alles warf viel mehr Fragen auf, als dieser Moment beantwortete.

»Rainer, ich weiß, dass dies dich verwirren muss, ich weiß, dass es für uns keinen Ausweg gibt, als nach einem Weg zu suchen, uns zu vereinen – in Gedanken und Gefühl. Ich habe dir zu Anfang gesagt, dass ich in dir leben will, dass ich in dir überleben kann. Erinnerst du dich?«

Rainer konnte sich noch gut an das Gespräch erinnern. Ihm war, als ob eine lange Dunkelheit endlich sein Ende fand, eine Finsternis, die nunmehr durch die Erkenntnis vergehen sollte. Nicole war der Teil in ihm, den er all die Jahre gesucht und der ihn all die Zeit begleitet hatte. Sie war sein Ich, somit war Rainer eine Frau!

»Ich denke, es wird noch ein weiter Weg, aber du wirst es schaffen.«

Rainer fand sich auf der Mauer wieder und diese geheimnisvolle Frau mit dem Namen Nicole war verschwunden. Rainer wusste, dass er die Ereignisse nicht mehr aufhalten konnte. Diese unglaublichen Erfahrungen sollten sein weiteres Leben entscheidend bestimmen. Er erwachte verwirrt und ebenso erleichtert. Ihm wurde vieles bewusst, was er bisher nicht verstehen und einordnen konnte. Viele Erlebnisse seines jungen Lebens erklärten sich. Wenn die Worte und die Fantasien seiner Seele stimmten, war Rainer äußerlich ein Mann – aber mit jeder Faser seines Herzens, mit jedem Gedanken eine Frau! Und diese Frau hatte seiner Seele einen Namen gegeben: Nicole.

Die Erkenntnis

Wie konnte es sein, dass er ein Junge war, vom Scheitel bis zur Sohle, in dem die Gefühle eine Frau in seiner Seele wohnen sollten? Wie konnten seine Seele, seine Gedanken weiblich sein, wenn er ein junger Mann war, der noch sein ganzes Leben vor sich hatte und seiner angeborenen Rolle erst gerecht werden musste?

Das Gefühl, das den Namen Nicole trug, breitete sich mit kosmischer Geschwindigkeit in seinem jungen Leben aus. Seine Gedanken richteten sich mit aller Macht auf diese Frage. Und es schien keinen Ausweg aus dieser Situation zu geben. Ob er wollte oder nicht, er musste sich damit auseinandersetzen! Er würde keine Ruhe finden, die er sich wie nichts anderes wünschte. Sein einziger Halt in dieser Zeit waren seine Gitarre und die beiden Hände, die ihren Platz auf seinen Schultern nicht verließen. Er saß in Gedanken versunken in seinem Zimmer, in den Händen seine Gitarre, die ebenso melancholisch war wie die Gedanken, die ihn beschäftigten. War dies alles wahr, was ihm diese Stimme weismachen wollte? War dies sein Leben, das vor seinen

Augen wie ein Film ablief? Oder war das alles ein schlechter Traum, aus dem er bald erwachen sollte? Es gab Tage, da verfluchte er diese Hände, die ihn in tiefe Abgründe zu ziehen drohten. Er versuchte, sich gegen die Einsicht zu wehren, nicht der zu sein, der er bislang geglaubt hatte zu sein. Er wollte nicht wahrhaben, was sich als Vorstellung in ihm ausbreitete wie ein Virus.

All diese quälenden Gedanken blieben seiner Umwelt fern. Niemand ahnte, welches Drama sich hinter seiner Zimmertür abspielte. Rainer blieb äußerlich der Junge, der er war. Und in seiner Seele wohnte dieses Ich, das fortan den Namen Nicole tragen wollte. Rainer ahnte, dass er sie nicht ignorieren konnte. Das machte es ihm im Laufe der Zeit schwerer, sich mit der Realität abzufinden. Tränen rannen über seine Wangen und tropften heiß und salzig auf den Kragen seines Hemdes. »Nicole, hilf mir, ich weiß nicht mehr, was ich denken soll«, rief er laut aus.

»Du musst lernen, mit dieser Erkenntnis zu leben und das Beste daraus machen. Niemand kann dir helfen. In diesem Punkt kann dir niemand raten. Und noch viel weniger werden es verstehen.«

Das klang wenig ermutigend. Er spürte diese kräftigen und zugleich zärtlichen Hände auf seinen Schultern. Sie ließen ihn ruhiger werden. Sein Puls, sein Atem und seine Glieder, die nervös an der Gitarre nestelten – alles wurde ruhiger und fügte sich gleichmäßig in seinem Körper zusammen. Und das Chaos hinter seiner jugendlichen Stirn, der Sturm der Gedanken, der Wirrwarr seiner Gefühle verklang mit jeder Sekunde, die er regungslos in seinem Sessel saß. Sein Blick glitt über die Dächer seiner Heimatstadt, die einen heiteren Himmel trugen. Kleine weiße Wölkchen zogen ihre Bahnen und die Sonne lachte mit den Vögeln, die trällernd den nahenden Frühling grüßten. Allmählich versank sein Blick. Vor seinen Augen stand diese unwirkliche Mauer und er sah sich zum zweiten Mal auf den Zinnen sitzen. Er blickte auf die beiden Welten seiner Seele hinab, mal auf die eine, dann auf die andere. Unruhig hetzten seine Gedanken von hier nach dort, ohne einen ruhenden Pol zu finden, wo sie sich hätten ausruhen können. Die Erkenntnis, ein Mädchen zu sein, fiel ihm schwer zu glauben, da er sich seiner körperlichen Gegenwart als Junge bewusst war. Wenn er einen Blick in den Spiegel warf, konnte er diese Tatsache nicht leugnen. Wenn er an die vielen Male dachte, in denen er aus einem inneren Zwang und einer zentralen Überzeugung heraus, in Mädchenkleidern herumlief, war er kein Junge. Er fühlte sich zerrissen und wie im Niemandsland zwischen den Welten. Er war bereit zu glauben, dass er kein Junge hatte werden sollen. Warum war er es dann? Warum traf gerade ihn dieses Schicksal? Hatte er Schuld daran? Oder war dies die Frucht seiner Fantasie: Die Begegnung mit Nicole, der Garten und die Mauer? Rainer vertraute diesem Ich, dieser Nicole, die er in den Tiefen seiner selbst war. Er hegte Zweifel; was nicht sein durfte, war nicht. Wem sollte er glauben können? Nicole, die es in seiner Fantasie gab, oder seinen Eltern, die sein Weltbild geprägt hatten? Diese Mauer gestattete ihm den Blick auf seine beiden Welten. Er fühlte sich einsam, obwohl Nicole ihn auf seinen Reisen in die Welt begleitete. Sie gab ihm, was ihm das Leben in der Welt des Rainer versagte: Eine Identität, in der er sich zuhause fühlen konnte – eine Seele, die zu ihm passte und seinen Gedanken Halt gab. Diese Welt lag vor seinen Füßen und er kam nicht zu ihr. Sie lag im hellen Schein der Sonne und ließ ihm die Illusion, ein Teil von ihr zu sein. Die Traurigkeit wuchs, nicht wahrhaftig Nicole zu sein.

Seit er von ihrer Existenz wusste, saß er auf den Zinnen der Mauer und sah auf die Seite hinab, die seine tatsächlich gelebte Welt war. Dieser Anblick wurde düsterer und schrecklicher, je länger sein Blick sehnsüchtig zur anderen Seite ging. Was sollte er tun? Was sollte jetzt aus ihm werden? Rainer wusste es nicht.

»Du musst herausfinden, was für dich richtig ist. Du hast dich entschieden, der Wahrheit ins Auge zu sehen. Du musst den rechten Weg finden.«

Das war es. Rainer war sich der Folgen nicht bewusst. Er fühlte sich unbeschreiblich klein und unsicher, und er hatte Angst, eine unbändige Angst. Sie kroch an seinen Beinen hoch, die bar aller Kleidung in der Luft hingen. Der scharfe Wind, der über die Zinnen strich, ließ ihn frieren.

»Was soll ich machen?«, fragte er, ohne eine Antwort darauf zu erwarten. »Je länger ich hier sitze, desto stärker wird der Wunsch, hinabzusteigen und nicht wieder hinaufzuklettern. Ich weiß nicht, was mich dort unten erwartet und wohin mein Weg geht. Wenn ich wüsste, was ich machen soll!«

Er sah sich als erwachsener Mann, eingekesselt von tausend dunklen, bedrohlich starken Gestalten, die ihm das Herz aus dem Leibe reißen wollten. Sie klammerten sich an seine Hosen, die um seine schmächtige Figur schlotterten. Kräftige Hände packten seine Glieder und zerrten an den Beinen und seiner Jacke. Sie rissen an seinen Haaren und schüttelten ihn, bis ihm schwindlig wurde. Rainer versuchte, sich zu wehren. Der Ring dieser Gestalten zog sich um ihn zusammen, und bedrohlich hallten ihre Stimmen in seinen Ohren wider: Du bist kein Mann! Du bist kein Mann! Zieh dein Röckchen an! Tunte, Tunte! Er versuchte zu schreien, seine Stimme versagte. Ohnmächtig musste er mit ansehen, wie sie ihm die Haut in Streifen vom Körper zogen. Die Schmerzen wurden unerträglich. Seine letzte Stunde schien geschlagen zu haben, gerade als sie sein wild pochendes Herz in Händen hielten. Höhnisches Lachen erfüllte die tiefschwarze Nacht, in die er hineinfiel. Nach einiger Zeit erwachte Rainer aus seiner Ohnmacht. Sein Leib schmerzte fürchterlich und er fror. Sein Blick glitt an ihm hinab. Mitten auf seiner Brust klaffte ein großes Loch, aus dem sein letzter Lebenssaft floss. Da, wo sein Herz schlagen sollte, war nichts! Dann hauchte er den letzten Atem aus.

Rainer fand sich heil und unversehrt auf den Zinnen sitzend. Sein Herz schlug bis zum Hals.

»Was war das für ein Bild, Nicole?«

»Du hast Angst, dich zu verlieren. Das ist in gewisser Weise richtig.«

»Wie wird es sein?« Rainer rutschte unruhig hin und her.

Die Erinnerung an das Erlebte stimmte ihn missmutig. Ihm wurde bewusst, dass das seine Zukunft war, wenn nicht ... Er sah sich in seinem Zimmer um, das ihm klein vorkam. Allmählich begriff er, dass was geschehen musste, damit sein Leben – erstmals – einen Sinn bekam. Diese Frage setzte sich in seinen Gedanken fest. Sie beherrschte all sein Denken und Handeln und wurde ihm zu einer fixen Idee. Und xxx mehr er sich mit dieser Nicole in seiner Seele beschäftigte, desto stärker wurde der Drang, zu sein wie sie, zu leben wie sie, die Welt um sich als Frau zu fühlen.

»Rainer, ich weiß, dass all dies für dich nicht leicht ist. Es ist für mich nicht leicht, in dir zu leben, ohne mich wohlfühlen zu dürfen. Ich leide genauso. Ich kann mich nicht mit dir identifizieren. Einzig die Hoffnung bleibt mir, dass wir eines Tages zusammenfinden werden. Wie habe ich es genossen, wenn du dir Mädchensachen angezogen hattest, ohne den wahren Grund zu wissen. Es war mir möglich für wenige Stunden dem Trauma deiner Männlichkeit zu entfliehen. Wir müssen gemeinsam einen Weg suchen, der die Mauer zwischen uns endgültig beseitigt.«

»Was bleibt für eine Möglichkeit?« Rainer sah herunter. »Wenn ich mich in Mädchenkleidern zeige, fühlst du zwar dich eins mit mir, verstehen würde es niemand, wenn man es entdeckte. Es muss einen anderen Weg geben. Ich kann deine Existenz nicht ignorieren, dann würde ich mich verlieren. Ein Körper ohne Seele ist ebenso schwer zu ertragen, wie eine Seele, die keinen Halt in ihrem Körper findet.«

Er tauchte ein in eine Welt, die schöner und heller war. Das warme Licht einer golden strahlenden Sonne erwärmte die Zinnen der Mauer, die nichts Bedrohliches mehr hatte. Rainer saß erwartungsvoll auf den warmen Steinen und blickte auf die wunderbare Welt hinunter. Nichts störte das Bild des Friedens und der Harmonie. Blumen blühten im

Schein der Sonne, und eine Armee farbenfroher Schmetterlinge wirbelte durch die Luft. Ein leiser Windhauch trug das Zwitschern der ersten Frühlingsboten zu ihm hinauf.

Er gehörte dazu. Sein Puls fügte sich in den Rhythmus der Grashalme, die der Wind sanft wiegte. Er fühlte sich eins mit sich. Es war schön anzuschauen, dass es Rainer seine Wirklichkeit vergessen machte. Glück strahlte aus seinen Augen, deren Blick über die herrliche Landschaft streifte. Hoffnung keimte in seinen Gedanken, eines Tages Teil dieser Szenerie zu sein. Er spürte nicht mehr seinen Körper, so sehr vertiefte er sich darin. Und erstmals fühlte er sich tatsächlich im Einklang mit sich. Tränen liefen seine Wangen hinunter. »Ist das schön!«, brach es aus ihm heraus.

»Ich weiß, was du fühlst.« Die Hände ruhten sanft auf seinen Schultern. »Schau dort hinüber. Weißt du, wer das ist?«

»Wer soll das sein?«

»Du bist es, in ein paar Jahren.«

»Das verstehe ich nicht. Sie sieht anders aus wie ich.«

»Ich wollte dir zeigen, was werden kann.«

Jetzt verstand Rainer. Bis dahin war es noch ein langer Weg. Sein Herz begann aufgeregt zu pochen, und diesmal war es nicht die Angst vor der Zukunft, die ihm Tränen in die Augen trieb. Rainer kehrte in seine Gegenwart zurück, die Augen noch feucht von den Tränen. Es war das erste Mal in seinem Leben, dass er sich auf seine Zukunft, auf den Morgen danach und das Übermorgen freute.

Seit er von dieser Mauer und ihrem Geheimnis wusste, seit ihm bewusst war, dass die Hände auf seinen Schultern einer Frau gehörten, hatte sich sein Leben grundlegend verändert. Und die Fantasien, die er auf der Mauer entwickelt hatte, bestärkten seinen Wunsch, Nicole den Platz einzuräumen, der ihr zustand. Wie es bislang gewesen war, wie sein Lebensgarten all die Jahre ausgesehen hatte, konnte und durfte es nicht bleiben.

Die Erkenntnis, ein Mädchen zu sein und eine Frau sein zu wollen, war ihm nicht leicht gefallen. Wenn er es überlegte, war ihm diese Erkenntnis lieber als die Ungewissheit der eigenen Existenz.

»Sich seines Selbst bewusst sein, ist eine Sache. Den rechten Weg zu finden, ist was anderes.« Er lehnte sich zurück und griff die Gitarre. »Solange ich eine Melodie in Gedanken erfinde, kann ich mir vorstellen, wie sie klingt.

Spiele ich sie, wird sie real. Man kann diese erdachte Melodie nicht umsetzen. Sie klingt im Ohr anders als im Herzen.«

»Erinnere dich an das, was ich dir von dieser Mauer erzählt habe.« Nicoles Stimme drang wie von fern zu ihm und entriss ihn der sehnsüchtigen Betrachtung. »Mir scheint, du bist wie die Menschen, die alles um sich, ihr Leben und ihr Sein vergessen. Schau dir das an. Dein Garten verdorrt und alles ist von wilden Kräutern überwuchert. Du kannst ihn nicht sich überlassen.

Solange es diesen Garten gibt, darfst du ihn nicht vergessen.«

»Ich will ihn nicht mehr«, rief Rainer trotzig. »Es ist nicht mehr mein Garten.«

»Das nützt dir nichts.« Nicole schien ernsthaft böse zu sein. »Du musst ihn annehmen, um ihn loslassen zu können. Dann wirst du mit deiner weiblichen Identität einen Weg finden, der uns glücklich macht.«

»Ich kann nicht! Wenn ich daran denke!« Rainer schaute sich widerwillig um. Der Gedanke, sein Leben als Mann leben zu müssen, war ihm eine Qual. Und nicht weniger schwer war eine Antwort auf die Frage, was er tun musste und konnte, um Nicole zu werden und ihr eine Heimat zu geben. Sein ganzes Streben sollte sich fortan ausrichten, den Fehler der Natur, wie er es nannte, auszugleichen. Das war es: Sein Körper war eine Fehlkonstruktion, die nicht zu seinen Gefühlen und Gedanken passte.

Der Spiegel

Die nächsten Jahre verbrachte Rainer damit, diese Erkenntnis – Nicole sein zu wollen und zu müssen – zu verstehen und sich mit seiner bzw. ihrer Zukunft auseinanderzusetzen. Er war ausgezogen, blieben ihm Auseinandersetzungen mit seinen Eltern erspart, die noch nichts von dem ahnten, was ihren Sohn beschäftigte. Bisher hatte er nicht den Mut gehabt, mit ihnen zu sprechen. Er hatte eine eigene kleine Wohnung.

Die erwünschte Selbstständigkeit stellte ihn vor ungeahnte Schwierigkeiten. Er saß in der Buchhaltung eines kleinen Reisebüros, wo er sich überhaupt nicht fühlte. Er hatte von einer Karriere als Musiker geträumt oder zumindest von einem Beruf in diesem Bereich. Konkret verfolgt hatte er diesen Wunsch nicht. Er fühlte sich überfordert, unglücklich und hasste die Arbeit und seinen Chef. Eine Alternative zum Reisebüro hatte es nicht gegeben. Dazu kamen noch alltägliche Probleme, das wenige Geld war verbraucht, ehe der Monat vorbei war. Die Freiheit in seinen vier Wänden entschädigte ihn weit mehr. In seinem Herzen, in seinen Gefühlen lebte eine

Frau, die in einem männlichen Körper gefangen war. Er blieb trotz dieser Erkenntnis ein Mann. Und niemand hatte Anteil an seiner Entwicklung. Niemandem fielen die Konflikte auf, mit denen Rainer sich beschäftigte; niemand ahnte von den Dingen, die sich hinter seiner Tür abspielten. Nicht einmal sein bester Freund Detlef, der oft bei ihm war, bekam davon etwas mit.

»Du wirst es eines Tages sagen müssen.« Nicole schien wie neben ihm zu sitzen. »Du kannst nicht weiterleben. Und ich kann nicht weiterleben, wenn wir beide nicht zusammenkommen.«

»Wie?« Rainer hatte keine Vorstellung davon, wie er ihre Existenz hätte erklären und beschreiben konnte.

»Das weiß ich nicht, es ist beschwerlich und langwierig.« Ihre Stimme klang ernst und traurig.

»Ich würde alles ertragen und erdulden, dass das ein Ende hat«, sagte Rainer, und in seiner Stimme fand sich keine Unsicherheit mehr. »Ich frage mich, wie es weitergehen soll. Wenn ich wüsste, was ich machen kann und muss? Was muss geschehen, damit sich dieser Weg für uns gelohnt hat?«

»Du wirst einen Weg finden, wenn die Zeit reif ist«, entgegnete sie. »Alles wird sich finden.«

Sein ganzes, verdorbenes Leben spielte sich in seiner Fantasie ein zweites Mal ab. Er litt unter diesen Erinnerungen, die für ihn verlorene Zeit waren, zumindest, wenn er daran dachte, dass er ein Mädchen hätte sein sollen.

Er versuchte, sich ein Bild von Nicole zu machen. Sie blieb eine Silhouette, deren Kontur sich deutlicher von der Umgebung abhob. Seine Welt änderte sich nicht, solange er im Spiegel den Mann sah, dessen Anblick ihm unerträglicher wurde.

Es gab Augenblicke, in denen hielt er dem Druck nicht mehr stand. Dann wünschte er sich sehnlichst, dass sein Leben verging. Nicole erkannte diese gefährlichen Situationen und führte Rainer in sein Leben zurück. »Du musst leben, für mich«, sagte sie dann. »Was soll aus mir, aus uns werden, wenn du deinem Leben ein Ende setzt. Dann hat meine Existenz ihre Berechtigung verloren. Und ich will leben!«

Das Leben war für Rainer sinnlos geworden, gerade, weil Nicole mehr Raum beanspruchte. Vieles wurde ihm zur Last, nicht der Blick in den Spiegel. Rainer mochte sich bald nicht mehr ansehen, geschweige berühren. Der Spiegel blieb unerbittlich.

»Du kannst alle Spiegel der Welt verhängen oder zerstören. An deiner Gegenwart und Vergangenheit ändert sich nichts, Rainer«, warnte Nicole, als er aus Trauer, Wut und Angst den Spiegel über seinem Bett mit einem Tuch verhüllte. Am liebsten hätte er ihn in tausend Teile zerspringen lassen. »Du darfst dein Leben nicht leugnen.«

»Das ist es gerade«, schrie er aufgebracht voller Wut und Zorn. »Und kann und will ich mich nicht mehr sehen! Du bist mein Ich und mein Leben. Was soll ich dann noch mit meinem Körper? Er gehört nicht zu mir, ich mag ihn nicht mehr ansehen.«

»Ich will dir eine Geschichte erzählen, die dir hilft, mich zu verstehen: Es war ein Spiegel. Er hing da und betrachtete die Welt, die sich in ihm verfing. Er erkannte, was um ihn herum geschah. Manches gefiel ihm, anderes erschreckte ihn. Er konnte nicht daran vorbeischauen. Am wenigsten gefiel ihm sein Rahmen, er drückte ihn schwer und lange lag der Staub unberührt in den Ritzen. Und sein Spiegel war mit den Jahren stumpf geworden. Das machte ihn wütend und traurig. Wie gern hätte er die schönen Dinge klar und deutlich wiedergegeben. Die Sonne, deren Strahlen sich in ihm hätten bündeln können, die kleinen, weißen Wölkchen, die am Himmel ihren Weg suchten. Er sah Schatten und all die Hässlichkeiten und den Schmerz. Er lebte bei einem alten Mann, dessen faltiges Gesicht von Schmerz und unendlicher Trauer erfüllt war, denn er hatte vor Jahren seine geliebte Frau verloren. Und wenn er in den Spiegel sah, erblickte er für kurze Zeit das Antlitz seiner Frau, die viel zu früh von ihm gegangen war, und ein feines Lächeln huschte über sein altes Gesicht. Er wurde für einen Moment zu dem jungen Mann, der er war. Er sah seine Frau, wie sie lachte und ihn mit ihrem Wesen beglückte. Einen Augenblick später holte ihn die Gegenwart ein; unerbittlich und kalt zeigte der Spiegel sein wahres Gesicht. Dann war er der alte, einsame Mann, der sich nicht mehr ansehen mochte.

Eines Tages hängte er den Spiegel zu, weil er das alles nicht mehr ertragen konnte. Sein Leben änderte sich nicht, er blieb einsam und traurig. Viel schlimmer für ihn war der Verlust der Erinnerung. Lebendig war sie in seinem

Spiegel, der verhangen in der Ecke seines Zimmers hing. Die Jahre vergingen und bald war sein früher glattes Gesicht von einem dichten, weißen Bart bedeckt. In dem Augenblick, als der alte Mann seinen letzten einsamen Atemzug machte, war der einstmals blanke Spiegel zu Stein geworden.«

Rainer hatte aufmerksam Nicoles Worten zugehört. »Das war schön und traurig zugleich, was hat das mit mir zu tun?«

»Das will ich dir gerne erklären. Egal, ob du dich damit abfindest und wie dein Leben weitergeht, deine Erinnerungen, deine Erlebnisse und deine Träume sammeln sich in jenem Spiegel. Ob du deine Existenz leugnest oder hasst, an der Vergangenheit wird sich nichts ändern. Was gelebt ist, bleibt eingebrannt im Spiegel der Erinnerungen. Einzig, was bleibt, ist die Zukunft, die es zu gestalten gilt. Daran kannst du was ändern. Was du aus deinem Leben machst, ist wichtig. Erinnere dich an die Geschichte von dem Garten. Alle Wege, die du gegangen bist, und alle Erinnerungen werden zu einer Einheit zusammengefügt. Vieles davon verliert mit der Zeit an Gewicht, bleibt gelebte Realität. – wie der Mann mit dem Spiegel versucht hat zu vergessen, dass er glücklich war. Er hat die Erinnerung verloren.«

Wenn sein bisheriges Leben einen Sinn haben sollte, konnte er es nicht verhängen wie einen Spiegel. Es fiel ihm schwerer, sich mit ihm zu identifizieren und als seines anzuerkennen. Dieser Rainer, der ihm aus dem Spiegel entgegensah, wurde ihm fremder. Der Drang, Rock und eine Bluse anzuziehen, um der Illusion von Weiblichkeit Nahrung zu geben und seine Männlichkeit vergessen machen zu lassen, linderte den Schmerz, dass er sein Leben nicht leben konnte, wie er wollte. Er schlich nachts in Frauenkleidern auf die Straße. Zuvor setzte er sich mit ein paar Schminkutensilien vor dem Spiegel und gab der Frau in ihm ein Gesicht. Für ein paar Augenblicke, ein paar Stunden konnte er sich als Frau fühlen, ohne an den Mann erinnert zu werden, der er war, und seine Traurigkeit machte Freude und Zufriedenheit Platz. Es war kein unbeherrschbarer Zwang mehr, sondern der erste Schritt zu Nicoles Befreiung. Und wenn er nach seiner sorgfältigen Verwandlung das Haus verließ, blieb der Rainer im Spiegel zurück und Nicole machte sich auf den Weg, die Welt zu erkunden.

»Wie fühlst du dich?«, flüsterte sie.

»Es könnte kaum schöner sein, für den Augenblick.« Rainer wurde bewusst, dass es noch viel schöner wäre, wenn er die Freude mit jemandem hätte teilen können. Und wenn sein junger Flaum unter der Schminke nicht kitzelte!

»Mir geht es genauso. Es ist ein Gefühl, wie nach Hause kommen.«

»Wenn es einen Weg gäbe, aus meiner Haut in die deine zu schlüpfen.«

»Bislang muss ich mich mit den wenigen Augenblicken zufriedengeben, in denen du dich wie heute aus dem Haus schleichst.«

»Du hast gut Reden. Ich kann nicht anders.«

Rainer war darauf bedacht, kein Aufsehen zu erregen. Er konnte sich gut vorstellen, dass jemand Fremdes ihn nicht verstanden hätte. In Detlefs Freundeskreis gab es zwar Jungen, die zum Spaß in Frauenkleidern und Pomps herumstolzierten. Er wollte nicht sein wie sie!

Die Illusion, in diesem Augenblick tatsächlich eine Frau zu sein und sich als Frau fühlen und begreifen zu dürfen, machte ihm die abendlichen Spaziergänge zu einem Geschenk, das er willig annahm. Sobald er das Kleid auszog und die Schminke aus dem Gesicht entfernte, war er der Rainer, den alle kannten. Dann war es da, dieses Gefühl, nicht er zu sein. Und mit jeder nächtlichen Verwandlung wandelte sich Trauer in Wut. Er konnte diese Wirklichkeit nicht mehr ertragen. Es half ihm nicht, sich für Augenblicke in die ersehnte Rolle zu träumen.

»Es gab einen Clown. Er arbeitete in einem kleinen Zirkus, der durch das Land zog. Wenn er haltmachte, warteten die Menschen gespannt auf ihn, er brachte alle mit seinen Späßen zum Lachen. Die Großen und Kleinen lachten, schlugen sich freudig auf die Schenkel. Für einen Augenblick entführte er sie aus ihrem Alltag. Der Clown konnte nicht darüber lachen. Unter seiner grellen Schminke liefen ihm Tränen das Gesicht herunter, wenn er unter großem Getöse die Manege verließ und langsam auf seinen Wagen zuging. Noch lange hörte er das Gelächter aus dem Zirkusrund herüberschallen. Dann schloss er die Tür hinter sich und weinte. Er weinte, weil er nicht Anteil an der Freude haben konnte, die er den Menschen gab. Er hatte niemanden, der mit ihm die Freude teilte, die er gab. Während er sich abschminkte und seine übergroßen Hosen und die bunte Jacke in den Schrank hängte, liefen ihm heiße Tränen über die Wangen. Und wenn er sein Gesicht im Spiegel betrachtete, sah er die Mühen und die viele Arbeit und den Schmerz, den er seit Jahren mit sich trug. Ihm blieb nichts anderes, als den Clown zu spielen, das wurde von ihm erwartet. Niemand hatte ihn gefragt, ob er das wollte, niemand hatte ihm eine andere Chance gegeben. Er blickte auf ein Leben zurück, das er nicht gern gelebt hatte, und träumte von einer anderen Zeit und einer anderen Welt. Er wusste, dass seine Zeit bald vorüber war und niemand sich an den Mann hinter der bunten Maske erinnerte. Alle sahen in ihm den Clown.«

Rainer liefen Tränen die Wangen hinunter. Er erinnerte sich daran, wie seine Eltern über ihn lachten, als sie ihn das erste Mal in Mädchenkleidern entdeckt hatten. Sie hielten es für eine Marotte, eine Clownerie, obwohl ihm Ernst war. Er hatte es nicht erklären können. »Ich weiß, warum du mir die Geschichte erzählt hast.«

Sein Blick wanderte zum Spiegel, der ihm die Wahrheit entgegen schrie. Er fühlte sich von ganzem Herzen als Frau und sah in ein männliches Gesicht. Je länger er sein Spiegelbild betrachtete, desto fremder wurde er sich. Gedankenversunken schaute er ins Leere. Und tauchte vor seinem geistigen Auge jene Szene auf, die Jahre zurücklag. Er hatte den Rock nicht schnell genug verstaut, als seine Mutter unvermittelt im Zimmer stand. Ungläubig starrte sie ihren Sohn an. Sie hatte ihn entsetzt angeschaut, unfähig, etwas zu sagen. Ihr einziger Sohn, ein Junge in Mädchenkleidern! Tage später war sie mit ihm zu einem Psychologen gegangen. Doch er hatte nicht gewusst, wie er seine Neigung Mädchensachen anzuziehen, erklären sollte. Dieses Gespräch endete, ohne dass Rainer geholfen worden wäre. Vieles wäre anders gekommen, wenn er die richtigen Worte gefunden hätte. Das war der Grund, dass er nicht den Mut aufgebracht hatte, sich seiner Mutter anzuvertrauen.

»Was meinst du, warum hat sie es nie wieder angesprochen?«

»Ich weiß nicht, vielleicht aus Angst oder Scham.« Rainer erhob sich aus seinem Sessel und trat ans Fenster. Sein Blick schweifte über die Dächer, die weiß von Schnee in der Sonne leuchteten. »Vielleicht auch, weil sie es nicht wahrhaben wollte. Oder sie dachte, dass es sich von gebe, wenn nicht mehr darüber gesprochen würde.«

»Und du hast es auch nicht erwähnt, Rainer?«

»Nein, ich wusste nicht, wie ich erklären sollte, was in mir vorging.«

»Und hast du jetzt genug Worte?«

Was für eine Frage! Für ihn gab es nur die eine Sicherheit: Er war eine Frau – nicht mehr und nicht weniger. Wenn er in den Spiegel sah, schien alles klar, sobald er sein Gefühl befragte, gab es viele Fragen. Da war Nicole, ein Gedanke, ein Gefühl. Und dieses Gefühl hatte seinen ganzen Körper, seine Seele und seine Gedanken eingenommen. Es war ihm noch möglich, sein Gesicht und seinen männlichen Körper zu ertragen. Die Berührung dieses Körpers wurde ihm mehr zu einer unüberwindbaren Barriere. Sein Körper war die Grenze zwischen dem Spiegelbild und seinem Gefühl.

»Um eins mit dir zu werden – eine Seele, ein Geist und ein Körper – musst du deinen Körper der Wirklichkeit deines Gefühls anpassen. Du kannst nur glücklich in deiner Haut werden, wenn du sie nach deiner Seele und deinem Denken gestaltest. Das ist ein beschwerlicher, weiter Weg. Ich weiß, dass du es schaffst. Für uns.«

Diese Worte hallten in Rainers Ohren nach, ehe er erschöpft auf sein Bett sank. Und es dauerte nicht lange, da wanderte er in seinem Garten umher. Seine Schritte waren weithin zu hören; sie fügten sich in den Rhythmus, der von der Natur vorgegeben war. Von Weitem erkannte er zwei Wege. Als er vorsichtig nähertrat, sah er, dass die Wege durch Spiegel verstellt waren. In seine freudige Erwartung mischte sich Furcht. In dem einen Spiegel war sein gewohntes männliches Gesicht zu sehen. In dem anderen sah er sich ohne den kräftigen Bartwuchs auf seinen Lippen. Sein Körper wirkte weniger muskulös. Die Freude darüber, endlich Gewissheit zu haben, ließ sein Herz bis an seine Schläfen pochen. Das war sein Ich! Er trat auf das Spiegelbild zu, fürchtend, es zu zerstören, sobald er es berührte. Rainer streckte eine Hand aus. Was war das? Die Hand verschmolz mit dem Spiegelbild, noch bevor er es berührt hatte. Nach und nach verband sich sein Körper mit dem Bild. Als er in den Spiegel eingetaucht war, sah er erschrocken an sich herab. Er trug andere Sachen und an den entscheidenden Stellen meinte er, sich anders zu spüren. Die Männlichkeit war im Spiegel hängengeblieben.

Rainer erwachte im gleichen Augenblick. Verwirrt versuchte er, sich in seiner Wirklichkeit einzufinden. Zu schön war das Gefühl gewesen, dass er gerade erlebt hatte. Und es blieb in seinem Herzen haften. Damit war für ihn der Weg klar. Wenn er sich in seiner Haut wohlfühlen wollte, musste er sich von all diesem Männlichen befreien. Noch in den Traum verhaftet schlief er ein, diesmal mit der Sicherheit, dass nichts beschwerlicher war, als in seiner Haut zu bleiben.

In all den Jahren, die ihn Nicole bislang geführt und seine Sicht beeinflusst hatte, waren ihm Zweifel gekommen. Zweifel an seiner Existenz, an seinem Verstand und an seiner Fähigkeit, sein Leben richtig zu erkennen. Sie fand die rechten Worte, ihn zu beruhigen und seine Fragen zu beantworten. Und länger er sich damit auseinandersetzte, desto mehr wurde seine Ahnung zur Gewissheit.

Die Erkenntnis, in den falschen Körper hineingeboren zu sein, forderte die ebenso bittere Erfahrung, als Junge und Mann versagt zu haben. Es fiel ihm nicht leicht, sich diese Niederlage seiner männlichen Existenz einzugestehen, durch Nicole begriff er diese Situation als Chance, wenn nicht als die Chance seines

Lebens. Wenn er keinen Weg fand, seinen existenziellen Konflikt zu offenbaren, würde alles bleiben, wie es bisher gewesen war. Dann würde er von der Existenz dieser Gefühle wissen, sie würden tatsächlich in ihm leben dürfen. Und das machte ihm von Tag zu Tag mehr Angst.

Es gab wenige Menschen in seinem Leben, denen er seine Gefühle hätte erklären wollen. Mit Detlef verband ihn seit der Kindheit eine tiefe Freundschaft. Sie verbrachten viel Zeit miteinander. Gemeinsam spielten sie in einer Band, und an den Wochenenden unternahmen sie viele Dinge gemeinsam. Wie sollte er es Detlef erklären, und wie würde dieser darauf reagieren? Würde ihre Freundschaft daran zerbrechen? Würde er ihn noch ebenso ernst nehmen und verstehen? Und dazu kam noch die Frage des Wie? Er konnte schlecht mit der Tür ins Haus fallen.

Insgeheim hatte er mehr Angst, es überhaupt auszudrücken. In all der Zeit offenbarte Rainer seine Gefühle dem Spiegel und der Nacht. Dann konnte er Nicole ein Gesicht, einen Körper geben. Dann fragte er sich, wie es für ihn und für sie weiterging, wie sich ihr Leben gestalten musste.

Die Entscheidung

»Rainer, das geht nicht weiter, willst du ewig dieses Versteckspiel betreiben? Du musst einen Weg finden, der uns einander näherbringt.«

Er wusste, dass sie recht hatte. Es war ein Versteckspiel, weil er nicht den Mut fand, sich jemandem anzuvertrauen. Und es würde bleiben, wenn nicht geschah. Die Furcht saß zu tief, als dass er sich Detlef oder geschweige seinen Eltern offenbaren konnte.

»Ich weiß, dass es nicht leicht ist. Dann wird sich nichts an unserer Situation ändern.« Ihre Stimme klang traurig. »Die Konsequenzen daraus müssen wir beide akzeptieren. Die Welt wird dich einholen. Und was dann? Unser Geheimnis wird kein Geheimnis mehr sein. Und es wird dir noch viel schwerer werden, als es jetzt für dich ist. Vergiss das nicht, Rainer.«

Es vergingen Wochen, Monate, ohne dass Rainer den Mut oder einen Weg gefunden hätte, sich zu offenbaren. Und die Angst wuchs, dass sein Doppelleben entdeckt würde. Und war er nicht fähig, den Drang, seine Männlichkeit in Frauenkleider zu hüllen, zu unterbinden. An jenem folgenschweren

Abend hatte er sich besondere Mühe gegeben, das Ergebnis seiner äußeren Verwandlung konnte sich sehen lassen. »Weißt du, Rainer, es ein Geschenk, mich tatsächlich im Spiegel zu sehen und keine Vorstellung zu sein, die gestaltlos durch deine Gedanken wandert«, hörte er Nicole sagen, während er ihre Hände auf seinen Schultern spürte. »In solchen Augenblicken fühle ich mich dir nah wie nie.«

Rainer blickte in sein Gesicht im Spiegel. »Wenn ich jetzt in den Spiegel sehe, dann erhalte ich eine Vorstellung von dir. Und das stimmt mich froh, weil ich dann vergessen kann. Dann kann ich verdrängen, wer ich sein sollte, dann bin ich einfach ich. Dann verwischt die Erinnerung an den Jungen.«

Nicole trug ihn fort auf die Mauer. Sie sah anders aus, als er sie in Erinnerung hatte. Die Seite, die seinem äußeren Bild, seiner körperlichen Existenz entsprach, lag düster und traurig im dichten, kalten Nebel. Und die Treppe führte hinab in die Tiefe, ebenso wie er es in Erinnerung hatte. Als er auf die andere Seite hinabblickte, erkannte er eine Treppe, die ihm neu war. Neugierig, gespannt nahm Rainer eine Stufe nach der anderen. Hoffnung keimte in ihm auf, dass dies der Weg war, der ihn in die sehnsüchtig erwartete Welt führen könnte. Sie führte wenige Stufen hinab, um mitten in der flimmernden Luft zu enden. Es war ein Trugbild, jener Selbstbetrug, eine Frau sein zu können, mit einem Rock und Schminke, die seine Männlichkeit unzulänglich verhüllte. »Es wird der Tag kommen, an dem die Ereignisse nicht mehr aufzuhalten sein werden, dann werden wir endgültig zusammenfinden.« Bedeutungsschwanger hallten Nicoles Worte durch die Stille.

Gerade in diesem Augenblick hörte Rainer die Klingel. Sie riss ihn aus seinen Gedanken, dass er schwer in die Wirklichkeit zurückfand. Sein Herz klopfte bis zum Hals, sein Atem stockte für einen Moment. Wer konnte das sein? Detlef? Oder seine Mutter, die vorbeikam, um nach dem Rechten zu sehen? Kalte Schweißperlen auf seinen Schläfen und wirre Gedanken ließen die Sekunden unerträglich lang werden. Was sollte er jetzt machen? Sollte dies die Stunde der Entscheidung sein, von der Nicole gerade gesprochen hatte? Am liebsten hätte er sich unters Bett oder in den Schrank verkrochen!

»Wenn du jetzt nicht aufmachst, wird dein Versteckspiel noch viel länger andauern, und du wirst weiter mit der Angst im Nacken leben, dass es eines Tages auf der Straße entdeckt wird. Mach auf, dann haben wir den schwersten Schritt hinter uns.« Sie konnte fordernd sein! Na gut, muss ich es hinter mich bringen, dachte Rainer, wie um sich Mut zu machen. Da ertönte die Klingel ein weiteres Mal. Jetzt blieb noch Zeit zum Rückzug. Langsam und bedächtig, wie um Zeit zu gewinnen, erhob er sich. Und auf seinen Schultern ruhten ihre Hände, die Rainer erstmals in all der Zeit als Belastung empfand. Ein letzter, verzweifelter Blick in den Spiegel, dann öffnete er zögernd die Tür.

»Was ist hier los?!« Detlef starrte ihn im gleichen Moment entgeistert an, als Rainer die Tür einen Spalt weit öffnete. »Rainer, was ist mit dir los? Was machst du in diesem Aufzug?«

Unsichere, fragende Blicke trafen Rainer, der die Tür öffnete. »Das ist nicht in einem Satz zu erklären«, erwiderte er nicht weniger verunsichert und ließ seinen Freund eintreten. »Ich bin dir eine Erklärung schuldig.«

Detlef setzte sich, noch gefangen von dieser unerwarteten Situation. Sprachlos saßen sie sich eine ganze Weile schweigend gegenüber, während Rainer nach Worten suchte. In seinen Händen sammelte sich feuchter Schweiß und mühsam brachte er die ersten Worte hervor: »Es muss für dich schwer sein, das zu verstehen. Es ist für mich nicht leicht. Wo du es herausbekommen hast, will ich dir die ganze Geschichte erzählen. Wenn du es überhaupt noch wissen willst.«

»Hast du was zu trinken? Das brauche ich jetzt. Und dann erklärst du mir bitte, was hier los ist. Ich verstehe nichts mehr.«

Rainer erhob sich, bemerkte er, dass Detlef ihm mit den Augen folgte. »Es ist nicht das erste Mal, dass ich einen Rock trage und geschminkt bin. Ich habe lange Zeit darüber nachgedacht, wer ich bin. Und ich bin zu dem Schluss gekommen, dass ich weiblich fühle und denke. Ich weiß lange, dass ich viel lieber eine Frau wäre.«

Unbehagen und Angst mischten sich in das Gefühl, dass es das Beste war, was hatte passieren können. Lieber in seinen eigenen vier Wänden und von Detlef überrascht werden, als draußen, von seinen Eltern. Sein Herz überschlug sich, es pochte bis in die Schläfen und Blut schoss ihm ins Gesicht, während er jetzt am liebsten im Erdboden versunken wäre. Er spürte Nicoles sanfte, beruhigende Hände und war froh, dass es endlich ausgesprochen war. Sie waren ihm nicht mehr Belastung, sondern hilfreich und gut. Er sah zu Detlef, der ihn mit stummem Blick musterte. In seinen Augen standen viele hundert Fragen. Für einen Augenblick, der Rainer wie eine Ewigkeit erschien, erfüllte eine unbeschreibliche Stille den Raum. Dann fragte Detlef: »Ist das alles eine Schau, Rainer? Was ist bloß mit dir los? Ich verstehe nichts mehr.«

»Nein«, Rainer sah seinen Freund empört an. Mit den Freunden aus Detlefs Club wollte er nicht verglichen werden! Er war nicht wie sie. Sie machten sich darüber lustig, wenn sie Frauen parodierten. »In meinem Innersten schlummert das Wissen um Nicole.« – »Wer ist Nicole?« Detlef sah Rainer erwartungsvoll an.

»Nicole ist der Name für mein Gefühl«, hörte Rainer sich sagen. »Es ist der Name, den ich mir gegeben habe, wenn ich mich in dieser Aufmachung nach draußen begebe. Als Kind bin ich viel lieber in Mädchensachen herumgelaufen. Ich habe mir einen Rock angezogen und bin damit durch den Stadtwald gelaufen. Ich habe nicht gewusst, warum ich es tat.

Heute habe ich keinen Zweifel mehr, dass ich weiblich fühle, mich stets als Frau empfunden habe.«

»Wie es aussieht, bist du transsexuell.« Detlef war der Pragmatiker.

»Was ist das für ein Wort? Du denkst, ich hätte sie nicht mehr alle!«, entfuhr es Rainer, und Tränen rannen über sein Gesicht. »Hätte ich bloß nicht die Tür geöffnet!«

»Das siehst du falsch. Ich weiß, dass Transsexualität eine Störung ist, mit der du nicht fertig werden kannst. Ich denke, du brauchst die fachliche Beratung eines Therapeuten«, Detlef erhob sich und schaute ernst aus dem Fenster. »Der kann dir helfen. Wenn du willst, helfe ich dir, einen guten Psychotherapeuten zu finden. Mein Dozent kennt einen.«

»Nein, bitte nicht, Detlef. Du darfst keinem Menschen davon sagen.« In Rainers Gesicht spiegelte sich unbändige Angst, ihm drohte die Situation zu entgleiten. »Versprich es mir.«

»Wie soll es jetzt weitergehen, Rainer?« Detlef schüttelte verständnislos den Kopf. »Nur ein Arzt kann dir jetzt weiterhelfen.«

Rainer kämpfte verbissen um den letzten Rest Haltung. Er konnte sich nicht mehr wehren. Die salzigen Tränen ruinierten sein Gesicht, das war jetzt egal. Es waren Tränen der Erleichterung und Verzweiflung. Insgeheim wusste er, dass Detlef hatte. Er spürte Nicoles Hände auf seinen Schultern. Detlef trat auf seinen Freund zu. In seinem Gesicht spiegelten sich Enttäuschung, Trauer und Nachdenklichkeit. Diese Eröffnung schien ihn tief getroffen zu haben. »Ich kann zwar nicht verstehen, was dich dazu gebracht hat, zu denken. Wenn du glaubst, dass es richtig ist, werde ich dir helfen, soweit ich kann. Warum bist du nicht früher zu mir gekommen?« Detlef blickte seinem Freund traurig in die Augen.

Die letzten Worte hallten in Rainers Ohren nach. Damit hatte er nicht gerechnet. Er hatte nicht gedacht, dass Detlef Verständnis hätte. Er hatte mit viel heftigeren Reaktionen gerechnet, mit Zorn und Wut, Ablehnung und Ekel. Detlef sah seinen Freund liebevoll an, schien zu schmunzeln. »Du solltest in den Spiegel schauen.«

»Und habe ich mir so viel Mühe gegeben. Na, dann werde ich mich erst herrichten«, Rainer musste unwillkürlich lachen, als er im Spiegel die salzigen Tränenspuren auf seinen Wangen betrachtete. Dann verschwand er in das kleine

Badezimmer. Kurze Zeit später trug er Hose und Hemd und aus seinem Gesicht waren die sichtbaren Spuren von Nicole verschwunden.

Detlef hatte einen Kaffee gemacht, der in den Tassen duftete.

»Erzähle mal, was mit dir los ist.«

»Ich möchte nicht, dass du lachst.«

»Du hast mein Wort, komme endlich zur Sache.« Detlef lehnte sich im Sessel zurück und sah seinen Freund erwartungsvoll an. Rainer rutschte unruhig auf dem Sofa herum, er wusste nicht, wo er anfangen sollte, was es überhaupt noch zu reden gab. Um Zeit zu gewinnen, trank er erst einen Schluck heißen Kaffee, der seine Nerven zu beruhigen schien. Ihm war kalt und heiß, und er fühlte sich noch elender als vorher. Dann begann er langsam, jedes Wort abwägend, seinem Freund zu erklären, wer Nicole war und wie er es herausgefunden hatte, dass sie sein Ich war. Er ließ nichts aus und beschönigte nichts. Mit jedem Wort fand er zu der inneren Ruhe, die sie ihm geschenkt hatte. Mit jedem Satz fühlte er sich besser und er spürte die Erleichterung, die seine Offenbarung für ihn brachte.

Während all dieser Zeit unterbrach Detlef ihn mit keinem Wort, hakte er genauer nach.

Und Rainer berichtete von Anfang an, ließ nicht unerwähnt, dass er täglich als Frau gekleidet durch die nächtlichen Straßen ging. Er erzählte von den Erlebnissen seiner Kindheit, die ihn mit der Zeit zu Bewusstsein gebracht hatten, nicht in seine Haut hineinzugehören. Er beschrieb die Gefühle, die ihn begleiteten, die Freude über die Freiheit, die er verspürte, wenn er als Nicole das Haus verließ. Es kam ihm wie über die Lippen, er war froh, sich endlich mitteilen zu können. Als er nach nicht enden wollenden Stunden mit seiner ›Beichte‹ fertig war, sah er zu Detlef hinüber, der ihm die ganze Zeit aufmerksam zugehört hatte.

»Du machst schöne Geschichten. Ich verstehe, dass du es ernst meinst. Und gerade deshalb musst du dich von einem Fachmann beraten lassen. Das hat nichts damit zu tun, dass du nicht richtig bist. Ohne Hilfe schaffst du das nicht, damit zurechtzukommen. Und ich kann dir nicht helfen.«

»Wie soll ich es erklären? Was kann das nützen?« Rainer sah Detlef fragend an.

»Du musst es ihm genauso erzählen, wie du es mir gesagt hast. Und was daraus wird, kann ich dir nicht sagen. Es ist ein Schritt in die richtige Richtung. Wenn du es weiterhin versteckst, wird sich für dich nichts ändern.«

Den ersten Schritt hatte er getan und er konnte darauf vertrauen, dass Detlef ihm zur Seite stehen würde. Warum, das wollte ihm nicht einleuchten. Es war spät, als er hinter Detlef die Tür schloss.

»Na, war es schwer?«

Er hörte Nicoles Stimme wie von weit weg. Der Garten schien bedrohlich ruhig und abenteuerlich in der Finsternis der Nacht. Mühsam gelang es ihm, die Konturen der Welt wahrzunehmen. »Das war erst der Anfang, die wichtigste Arbeit kommt noch. Das Schwerste hast du hinter dir.«

»Das macht mir Angst.« Rainer versuchte, seine Gedanken und Gefühle unter Kontrolle zu bringen. Der Abend hatte ihn mitgenommen. »Ich weiß jetzt nicht mehr, was ich denken soll. Ich werde das Gefühl nicht los, dass mir die ganze Sache, mein ganzes Leben aus den Händen gleitet.«

Nicoles Hände drängten ihn in eine bestimmte Richtung. »Komm mit, ich will dir zeigen. Du verstehst das alles dann besser.«

»Wohin gehen wir?«, fragte Rainer neugierig.

»Kannst du nicht abwarten, es ist nicht weit.

Gleich dahinten hinter der Wegbiegung kommt ein kleiner, unscheinbarer Weg. Von dort ist es ein Katzensprung.«

»Ich werde das Gefühl nicht los, dass du was im Schilde führst. Aber gut, gehen wir.«

Der Weg war stockdunkel und eng. Dornige Zweige wuchernder Sträucher streiften sein Gesicht wie unsichtbare Finger, ein Pfad aus welken Blättern und trockenen Ästen machte seinen Weg weithin hörbar. Die düstere Stimmung machte ihm Angst, die Neugier und die Bestimmtheit, mit der ihn die Hände durch die Finsternis leiteten, trieben ihn vorwärts. Unvermittelt blieb Rainer stehen, ein Geräusch irritierte ihn. Es war ein diffuses Rauschen, das er nicht einordnen konnte. Was war das? Woher kam dieses Geräusch?

»Geh weiter. Es ist direkt vor dir«, hörte er Nicole sagen, die seine Gedanken erraten hatte. »Wir sind gleich da.«

Langsam bewegte er sich auf die Stelle zu. Mit jedem Schritt wurde es lauter und erkannte er den Ursprung. Es war ein Fluss, der sich vor seinen Augen in die Tiefe stürzte. Vorsichtig ertastete er sich seinen Weg und ließ sich auf einem der Felsen nieder, die den Wasserfall begrenzten. Wie gefangen saß er dort und brachte kein Wort heraus. Der ohrenbetäubende Lärm der stürzenden Wassermassen trieb ihm Schauer der Angst über den Rücken. Und die eiskalte Gischt hämmerte ihm das eiskalte Wasser ins Gesicht. Ein scharfer Wind fegte über die Szenerie. Wegen der Finsternis war die Umgebung ausmachen, wenige Meter weit konnte er sehen. Krampfhaft bohrten sich seine Finger in den harten Fels.

»Was soll ich hier, Nicole?«, schrie er gegen den Lärm an.

»Du brauchst nicht zu schreien. Ich verstehe dich. Warte es ab, bald wird es hell, dann wirst du wissen, warum ich dich hierher gebracht habe.« Ihre Hände drückten auf seine Schultern, wie um ihn zum Verweilen zu drängen.

»Du hast gut reden!« Rainer fror entsetzlich, die Nacht war kalt und bald war er nass bis auf die Haut.

»Kannst du dir vorstellen, warum ich dich hierher geführt habe?«, unterbrach ihn Nicole.

»Du wirst es mir hoffentlich gleich sagen.«

»Dieser Wasserfall existiert seit deinem ersten Atemzug. Zuerst war es ein Rinnsal, ist er zu einer unberechenbaren Macht gewachsen. Und er wird lange existieren, bis du deinen Weg gefunden hast. Erst dann wird er versiegen und dieses Tal wird sein Gesicht verändern.«

»Das kann noch ewig dauern«, entfuhr es Rainer enttäuscht.

»Nicht, wenn du Detlefs Rat befolgst und du dich offenbarst«, erwiderte Nicole.

»Das kann ich nicht. Was soll ich ihm sagen?«, entgegnete Rainer.

»Du wirst nicht daran vorbeikommen.« Ihre Hände bohrten sich in seine Schultern. »Es wird schwer werden, im Moment ist es der einzige Ausweg, der uns bleibt.«

Das Tosen der Wassermassen machte es ihm unmöglich, einen klaren Gedanken zu fassen. Wenn Detlef und Nicole davon überzeugt waren, blieb ihm nichts Anderes übrig. Wie sollte er es anstellen?

»Es wird sich alles finden, Rainer. Wenn du bereit bist, wirst du einsehen, dass wir nicht anders weiterkommen.«

Die Welt um ihn hatte sich unmerklich gewandelt. Im anbrechenden Morgen erstand um ihn eine Szenerie, die schöner nicht hätte sein können. Die aufgehende Sonne ließ die

Gischt in strahlendem Weiß wie kleine Sterne funkeln. Und über allem stand ein Regenbogen, der sich gewaltig über die Landschaft beugte. Und in seinem Herzen erwachte das Gefühl, diesem neuen Weg gewachsen zu sein. Bald schloss er die Augen, und während er noch die frische Morgenluft atmete, schlief er ein ...

Als Rainer erwachte, erinnerte er sich sogleich an diesen Traum. Und die Angst kehrte zurück. Es war die Angst vor dem, was unweigerlich kommen musste, wenn er sein Leben ändern wollte. Er wusste, dass nichts mehr rückgängig gemacht werden könnte. Und die Ereignisse warfen ihre Schatten voraus. Gerade als Rainer Frühstück machen wollte, klingelte es an der Tür. Am liebsten hätte er nicht geöffnet. Unwillig öffnete er die Wohnungstür einen Spalt weit. Es war Detlef.

»Ich habe uns Brötchen mitgebracht. Ich habe die halbe Nacht über das nachgedacht, was du gestern erzählt hast. Und es erschreckt mich. Nichts habe ich in all den Jahren davon bemerkt, obwohl ich dachte, dass ich dich gut kenne.«

»All die Jahre habe ich mich gesucht, aber nur das Leben gelebt, in das ich geboren bin.«

»Was willst du jetzt machen? Hast du eine Vorstellung davon?« Detlef sah ihn mit offenen Augen an.

»Nein. Eines weiß ich, wie es ist, kann es nicht bleiben.« Rainer stellte seine Kaffeetasse ab. »Dann solltest du mal mit einem Psychologen reden«, erwiderte Detlef. »Ich habe davon gehört, dass die was machen können.«

»Ich bin nicht geisteskrank«, empörte sich Rainer.

»Ich meine keine Pillen, sondern was anderes«, entgegnete Detlef.

»Ich will nicht jemand anderes sein, sondern ich.« Rainer trat vor den Spiegel. »Jedes Mal, wenn ich in den Spiegel sehe, erschrecke ich, wie wenn ich in ein fremdes Gesicht sehe.«

»Ich habe gehört, dass jemand operiert worden ist. Ob das was für dich ist, weiß ich nicht. Da musst du einen Fachmann fragen.« Detlef lehnte sich zurück.

Rainer spürte Nicoles Hände auf seinen Schultern. »Ich habe ich dir gesagt, dass du eines Tages wissen wirst, wohin dein Weg dich führt! Geh gleich Montag zu deinem Hausarzt.«

»Das kann ich nicht. Wenn der meinen Eltern davon erzählt!«, entgegnete Rainer.

»Er darf das nicht weitererzählen. Es geht nicht anders«, beschwichtigte Detlef. Das leuchtete Rainer ein, obwohl ihm Zweifel blieben. Der Stein war ins Rollen gebracht, jetzt konnte er nicht mehr zurück. Er war insgeheim froh, dass Detlef ihn überrascht hatte.

»Du bist nicht gescheit, Rainer!« Sein Freund Manuel war außer sich. »Das darf nicht wahr sein!

Du kommst auf Ideen! Das ist ein Scherz, oder?«

»Es ist wahr«, versuchte Rainer Manuel zu beschwichtigen.

»Das ist unfassbar. Und du willst mein Freund sein!« Manuel wandte sich empört und sichtlich enttäuscht ab. »Tu, was du willst. Du musst es wissen, rechne nicht damit, dass ich das verstehe.«

»Ich habe geahnt, dass es kommt.« Rainer ließ sich matt auf einem Stuhl nieder und sah Manuel nach, der erregt den Raum verließ.

»Na, du kannst nicht erwarten, dass man dich überall mit offenen Armen empfängt.« Detlef setzte sich zu ihm. »Er wird sich einkriegen. Er braucht Zeit. Es ist nicht leicht zu verstehen.«

»Und du? Verstehst du mich?«

»Ich weiß noch nicht, was ich davon halten soll. Wenn du meinst, dass es richtig ist ... Ich muss darüber erst noch nachdenken.«

Spät in der Nacht lag Rainer noch lange wach und grübelte über die Ereignisse des Abends. Er konnte nicht erwarten, dass ihn jeder versteht. Gerade Manuel! Wie erst würde dann sein Hausarzt reagieren? Er spürte Nicoles Hände unablässig seine Tränen trocknen. »Was hast du erwartet? Dass dir alle Welt um den Hals fällt?«

»Hätte ich nicht erst davon angefangen!«

»Du hast den Stein ins Rollen gebracht; jetzt sieh zu, dass er sich nicht verselbstständigt. Du hast es in der Hand. Du entscheidest, was werden soll.«

Er war froh, als das Wochenende vorüber war. Die Anspannung legte sich allmählich, richtig konnte er sich nicht auf seine Arbeit konzentrieren. Gern ging er nicht in das Reisebüro, die Ausbildung machte ihm wenig Spaß. Gerade, weil sein Chef oft aufbrausend war. Bald würde er es hinter sich haben, dann würde er halt was anderes machen. Musik? Rainer wusste es nicht, er träumte von einer Karriere als Gitarrist. Dann sah er sich auf einer großen Bühne spielen. Die Wirklichkeit holte ihn in Gestalt seines Chefs jäh zurück, der ihm eine Arbeit auf den Schreibtisch knallte. Wie gern hätte Rainer ihm dann die Sachen hingeworfen. Und gerade heute war sein Chef schlecht gelaunt. Rainer ließ alles stumm über sich ergehen. Hoffentlich ist bald Feierabend, dachte er.

Nachmittags schlenderte er unschlüssig durch die Straßen. Unverwandt betrachtete er die Auslagen in den Geschäften, während in seinem Herzen der wichtigste Kampf tobte. Wie sollte er es seinem Hausarzt bloß erklären? Was würde dieser dazu sagen? Und wenn er keinen Rat wusste? Was sollte er dann machen? Vor der Antwort hatte er noch viel mehr Angst. Egal wie er es drehte und wendete, blieb diese Frage unbeantwortet. Wie könnte sein Leben jetzt weitergehen? Wie konnte es überhaupt eine Zukunft für ihn geben?

»Rainer, was machst du hier?«

»Oh, Mutti, nichts.« Sie kam mit fragendem Blick auf ihn zu. Das war nicht nach seinem Geschmack! Jetzt kamen die üblichen Fragen. Hoffentlich merkt sie nicht, wie durcheinander ich bin, dachte Rainer, bemüht, ein unbeteiligtes Gesicht zu machen.

»Hast du Feierabend? Macht es dir noch Spaß? Hast du gegessen?« Seine Mutter schaute ihn prüfend an. An ihrem Blick erkannte er, dass sie sich Sorgen um ihn machte, ob er zurechtkäme. Du hast gut reden, dachte Rainer, wenn du wüsstest! »Es ist alles in Ordnung«, antwortete Rainer.

Sie wandte sich zum Gehen. »Kommst du am Sonntag zum Essen?«

»Ich weiß noch nicht, «, antwortete Rainer.

»Ist gut, mein Junge. Du weißt, dass wir uns Sorgen machen. Und die kann dein Vater nicht gebrauchen. Du weißt, wie schlecht er sich in letzter Zeit fühlt. Ruf an, wenn du kommst.« Sprach's und verschwand in ein Geschäft. Rainer blieb auf der Straße zurück und setzte seinen Weg fort.

»Ich weiß, was dieser Schritt für dich bedeutet«, hörte er Nicole flüstern. »Du darfst nicht aufgeben, Rainer. Zuviel hängt daran, dass du deine Gefühle offenbarst.«

»Die Endgültigkeit dieses Weges ist es nicht, die mir angst macht. Was ist, wenn er mich nicht ernst nimmt?«

»Lass uns noch spazieren gehen, ich will mit dir reden.« Ihre Worte drangen wie ein Geschenk an sein Ohr. Spontan lenkte er seine

Schritte in den nahen Stadtwald. Dort war zu dieser Zeit wenig los. Hier konnte er in Ruhe nachdenken. Er bog in den Waldweg ein. Das dichte Laubdach der Bäume legte sich wie eine kühlende Kompresse auf seine aufgeheizte Haut. Langsam beruhigte sich sein Herzschlag. Seine Schritte glitten über den steinigen Weg. Unmerklich leitete Nicole ihn durch den Wald. Er entdeckte eine Bank, von der aus er die gesamte Lichtung beobachten konnte. Eine riesige Teichanlage breitete sich aus und eine kunstvolle Fontäne spie neues Wasser aus. Das Rauschen der Blätter in den Bäumen, in das sich die fallenden Wasser der Fontäne mischten, entführte ihn an den Wasserfall, den Nicole ihm gezeigt hatte. Er befand sich gerade oberhalb, wo die Wasser sich in die Tiefe stürzten. »Was sollen wir hier?«

»Das wirst du noch sehen. Rainer, nimm bitte eines der Holzstücke, die hier herumliegen«, hörte er Nicole sagen. Was sollte das werden? Er tat, was sie ihm sagte. »Wirf es ins Wasser und schau, was passiert.«

Was sollte passieren? Es wird den Abgrund hinabstürzen, dachte Rainer. Was soll das werden? »Ich weiß zwar nicht, was das soll, bitte«, Rainer warf das Holz weit in die tosenden Fluten. Es versank kurz, tauchte auf und folgte dann tanzend der Strömung. Wenig später fiel es über den Abgrund.

»Und nun du!«

Das konnte sie nicht meinen! Rainer wich entsetzt einen Schritt zurück und schaute den Wassermassen nach, die ungestüm in die Tiefe fielen. Ihm war, als würden sie lauter und heftiger werden. »Was soll das? Hast du nicht mehr alle Tassen im Schrank? Ich kann nicht. Ich breche mir sämtliche Knochen, noch ehe ich unten aufkomme. Wenn ich es überhaupt überlebe!«

»Es ist wie die Sache mit deinem Hausarzt. Du hast vorhin gekniffen, weil du nicht weißt, was passiert. Obwohl dir klar ist, dass du daran nicht vorbei kannst. Schau dich um. Was siehst du?«

Rainer glaubte, in Nicoles Stimme wie Schadenfreude zu hören. Er blickte sich um. Alles um ihn hatte sich unmerklich geändert. Sie hatten die Verbindung zum Ufer verloren und der Fels trieb mit der Strömung. Er war dem Wasserfall bedrohlich nahegekommen. Die Welt um ihn verdunkelte sich, das Rauschen des Blattwerks drang wie Hohn an sein Ohr und die Vögel lachten seine Angst lautstark aus. Über ihm zog sich der Himmel zusammen und dunkle Wolken verhüllten die letzten Sonnenstrahlen. »Das kannst du nicht von mir erwarten! Wozu soll das gut sein?«

»Traust du dich das nicht?«

»Das ist was anderes«, versuchte er zu entgegnen.

»Warum hast sofort die Flucht ergriffen? Wieso hast du zugestimmt, als ich dir anbot, diesen Spaziergang zu machen?«

»Es ist nicht leicht.« Rainer hörte sein Herz bis an den Kragen seines Hemdes pochen. Seine Finger krallten sich Halt suchend in den kalten Fels. »Kannst du den Stein nicht ans Ufer zurückbringen? Ich kann das nicht.«

»Nein, ich will nicht. Du wirst dich aus dieser Lage befreien müssen. Nichts in deinem Leben wird leicht sein, wie der Sprung in dieses Wasser!«

Da saß er, umgeben von tosenden Wassermassen, die nur ein Ziel kannten – den Abgrund, auf den er unweigerlich zutrieb. Er würde in wenigen Augenblicken mit den Fluten in die Tiefe gerissen werden. Dieser Gedanke trieb ihm den Angstschweiß auf die Stirn. In der Dämmerung ließ sich nichts ausmachen, das sein Schicksal hätte abwenden können. Er trieb mit steter Geschwindigkeit auf den Abgrund zu, der sich bedrohlich vor ihm auftat. Dann verlor er den Halt und stürzte kopfüber hinunter. Es wurde Nacht um ihn.

Eine halbe Ewigkeit lang fiel er mit den eisigen Wassermassen in die Tiefe. Seine letzte Stunde schien angebrochen zu sein. Wild um sich schlagend und nach Luft schnappend kehrte er an die Wasseroberfläche zurück und griff blindlings um sich. Da fand er Halt an einem Ast, der ins Wasser hineinragte. Mit beiden Händen klammerte er sich daran. Suchend blickte er sich um.

»Und, wie war's?« Nicoles Stimme riss ihn aus seiner Betrachtung.

»Ich weiß nicht, ob ich noch lebe oder tot bin«, presste Rainer mühsam hervor, noch hielt er den Ast umklammert. Zentimeter um Zentimeter verlor er den Halt. »Hilf mir, ich kann mich nicht mehr halten!«

»Du musst an dich glauben, dann schaffst du es«, entgegnete sie scheinbar ungerührt angesichts seines aussichtslosen Kampfes gegen die reißenden Fluten. Er fühlte sich aus dem Wasser gezogen. Schwer atmend ließ er sich auf einem Baumstumpf nieder. Sein Herz schlug noch wie wild gegen seine Brust. Von seinen Haaren flossen Bäche von Wasser, in das sich Tränen der Erleichterung mischten. »Du müsstest dich jetzt im Spiegel sehen. Du siehst gut aus.«

»Wenn ich aussehe, wie ich mich fühle, kann von Glück sagen, dass ich deine Gehässigkeit mit heiler Haut überstanden habe.«

»Und was sagt uns das? Bist du noch davon überzeugt, dass du es nicht überlebst, deinen Hausarzt um Rat zu fragen?«

Rainer musste gestehen, dass er mehr Angst vor seiner eigenen Courage hatte. »Wenn du meinst, dass dies unser Weg ist, werde ich gleich Morgen zu ihm gehen. Du lässt mir keine andere Wahl.«

»Du brauchst nichts zu sagen. Dann wird halt alles bleiben, wie es ist.«

Zwei bunte Kreise

Mithilfe von Nicole war es Rainer gelungen, seiner wahren Identität und der Verwirklichung seiner Gefühle und Gedanken ein gutes Stück näherzukommen. Nichts wünschte er sich mehr, als eins zu werden mit ihr. Und darüber hinaus wollte er seine männliche Identität und seine bisherige Geschichte vergessen und nicht zuletzt ungeschehen machen. Er konnte und wollte sich nicht damit abfinden, körperlich als Junge geboren und in seinem Ich eine Frau zu sein. Er verlor sich im Zorn und Trauer um die verloren geglaubte Zeit und begann seine eigene Geschichte weit zu hassen, dass er alles ablehnte, was bisher sein Leben gewesen war.

»Zwei Menschen oder zwei Identitäten, die sich gefunden haben, sind wie zwei bunte Kreise, deren Ränder miteinander verschmelzen. Um so tiefer die Beziehung wird, umso größer wird die Fläche, die sich beide Kreise teilen. Sie bewegen sich aufeinander zu, solange ihre Gefühle leben. Und eines Tages ist der Punkt erreicht, an dem es nicht mehr weiter geht und die Kreise ihren Platz gefunden haben – verstehst du mich, Rainer?«

Rainer schaute aus dem Fenster hinaus. Sein Blick schweifte über die Dächer, die rot in der Abendsonne schimmerten. »Ich weiß nicht, worauf du hinaus willst.«

»In dem einen Kreis befindet sich deine Gegenwart, deine Vergangenheit, dein körperliches Ich. Und in dem anderen Kreis befinden sich deine Vorstellungen und Träume, deine Gefühle und Gedanken, deine Zukunft, der du den Namen Nicole gegeben hast. In der Schnittmenge dieser beiden Identitäten befinden sich unsere gemeinsamen Gefühle, Gedanken, Ideale und Wünsche. umso mehr Gemeinsamkeiten sich darin befinden, umso umfangreicher der gemeinsame Nenner der beiden Kreise ist, desto stabiler sind die Brücken, die sie verbinden. Die Fläche, die wir uns teilen, ist wie eine Partnerschaft, unsere Gemeinsamkeit, unsere Gegenwart und Zukunft. Die freien Flächen zeigen die Eigenständigkeiten, die persönlichen Werte, unsere jeweilige Geschichte. Diese Geschichte macht uns aus, unterscheidet uns vom anderen. Wir werden niemals einen einzigen Kreis bilden können, deckungsgleich miteinander verschmelzen oder zu einer totalen Einheit werden. Es wird sich immer um zwei Kreise handeln. Sollten beide Kreise zu einem einzigen Kreis verschmelzen, kann sich niemand mehr wahrnehmen. Der endgültige Verlust der Identität ist vorprogrammiert.«

»Das verstehe ich nicht. Das Einzige, was ich will, ist, meiner Identität, die deinen Namen trägt, eine Zukunft geben. Dann muss ein Kreis den anderen ersetzen. Oder etwa nicht?«

»Im Laufe der Zeit werden aus den beiden kleinen, alleinstehenden Kreisen zwei Kreise, die ein gutes Stück ineinander gewachsen sind und den Eindruck einer Einheit geben, die in ihrer Schnittmenge eine Einheit sind«, fuhr Nicole fort, während Rainer ihre Hände auf seinen Schultern spürte. Sie schienen jene Kreise zu zeichnen, von denen sie erzählten. »Die Farben ihrer Kreise mischen sich und potenzieren ihr Spektrum. Jeder Kreis gibt einen Teil von seinen Farben an den anderen ab und erhält ein gleich großes Stück der Farben des anderen. Beide gewinnen. Sie werden bunter, ihre Schnittmenge wird farbenfroher und gleichzeitig weitet sich jeder Kreis aus. Sie werden größer. Mit der Zunahme an eigener Größe nimmt die gemeinsame Schnittmenge einen optisch größeren Raum ein. Sie wächst im gleichen Maße wie die Kreise. Wobei es von Vorteil ist, Raum zu lassen, damit sich die Gemeinsamkeiten entfalten und frei bewegen können. Wenn das nicht ist, kommt es zwangsläufig zu schweren Verletzungen ihrer schmalen Stege an der Schnittmenge. Dann würden sie Gemeinsames verlieren, es wäre unwiederbringlich verloren. Gleiches kann passieren, wenn ein Kreis schneller wächst, oder ein Kreis sich zu weit auf den anderen zubewegt. In diesen Fällen zerreißen die schmalen Brücken und die tatsächliche Schnittmenge geht verloren. Ein Bruch der Partnerschaft wäre die Folge. Ausschließlich an der Stabilität der Brücken misst sich die Stabilität der Beziehung. Kleine Risse sind zu verschmerzen, da nicht beide Kreise gleichmäßig wachsen. Diese Risse bedeuten nicht den Verlust von Farbe; sie stellen die Partnerschaft auf die Probe. Für den Zusammenhalt dieser Partnerschaft ist es wichtig, dass jeder Kreis die Möglichkeit hat, sich noch als Kreis wahrzunehmen. Dazu ist es notwendig, ein totales Verschmelzen mit allen Mitteln zu verhindern. Eine starre Brücke verhindert die flexible Entwicklung. Wie bei frei tragenden Brücken darauf geachtet wird, dass sie auf

Rollen oder Kugellagern schwebt und somit Schwankungen abfangen kann, damit sie nicht beschädigt wird.«

Diese Geschichte hinterließ einen Wust von Eindrücken, Gedanken und Gefühlen. Wenn er sich und seinen Lebenslauf als die Verbindung dieser zwei Kreise begriff, machten sich unerwünschte Bilder vor seinem geistigen Auge breit. Zweifel an seiner Identität, Wut und Trauer über seine Geschichte, Zorn über sein Unvermögen, sie als Bereicherung seines zu begreifen. Ängste und Unsicherheiten vernebelten seinen klaren Blick für die Gegenwart und seine Möglichkeiten. Sein Leben bot anderen Schicksalen gegenüber Vorteile, die er nicht erkannte. Diese Kreise brachten ihm nahe, wie wichtig es sein würde, beide zu akzeptieren und seinen Nutzen daraus zu ziehen.

»Es ist nicht wichtig, ob du mich gleich verstehst. Noch bringst du es nicht fertig, der Tatsache deiner Geschichte ins Auge zu sehen. Du siehst die beiden Kreise und versuchst krampfhaft, diesen zweiten Kreis zu ignorieren. Auf Dauer kann es nicht bleiben. Und du weißt es.«

Das wusste Rainer, wenn er es nicht wahrhaben wollte. »Ich habe Jahre dazu gebraucht, dich zu erkennen, mir meiner Identität bewusstzuwerden. Und soll das alles umsonst gewesen sein?«

»Umsonst ist es nicht. Dieser Rainer ist ein Teil deines Lebens, und er wird es bleiben. Du kannst nicht ohne ihn leben, ohne ihn gäbe es dich nicht. Und ich bin ein Teil von dir, der eines Tages den rechten Platz in deinem Leben einnehmen wird.«

Er war nicht gerade überzeugt von ihren Worten, entsprachen sie in gewisser Weise den Erfahrungen der anderen in der Selbsthilfegruppe. Akzeptieren konnte und wollte er es nicht. Er hasste seinen Körper und würde gern alle Erinnerungen an seine männliche Existenz in den Sümpfen begraben. Obwohl im klar war, dass gerade das unmöglich war. Hoffnung auf eine bessere, schönere Zukunft machte sich in ihm breit. Er sah sich nicht wie zwei Kreise, die zusammenfinden wollten und ihren eigenen Platz behielten. Für ihn gab es einen Kreis, dessen Inneres und Äußeres durch eine große Mauer getrennt war. Und durch die angestrebte Operation erhoffte er sich, die Mauer einreißen zu können, damit beides miteinander verschmelze. Zwischenzeitlich ging sein Leben seinen Gang. Den

Termin bei der Musterung brachte Rainer hinter sich. Durch das Gutachten des Psychiaters wurde er umgehend ausgemustert. Die Ausbildung war beendet, und die Suche nach einer Arbeit bestimmte seine Tage. Leicht war es nicht. Das machte ihm große Sorgen, Detlef half ihm, soweit er konnte. Er war häufiger bei ihm, und eines Tages zogen sie zusammen. Rainer hatte eine gewisse Sicherheit, vor allem finanziell. Es dauerte mehr als ein Jahr, bis er einen Job in einem Großhandelsunternehmen fand. Das war zwar nicht das, was er wollte, anderes gab es nicht.

In dieser Zeit offenbarte er seine Pläne seinen Eltern, denen seine Entwicklung nicht länger verborgen bleiben durfte. Nach dem Essen wollte er es seinen Eltern sagen. Er wusste, dass es für sie nicht leicht war, er durfte sie jetzt nicht mehr ausschließen. Es betraf sie direkt. Wie sie auf die Eröffnung reagieren würden, dass sie einen Sohn großgezogen hatten, der viel lieber eine Tochter gewesen wäre, wollte er sich lieber nicht vorstellen; es würde in jedem Fall ein Schock für sie werden.

Auf dem Weg dorthin überlegte er, wie er es ihnen am leichtesten beibringen konnte. Er fand wenig Worte, alles schien ihm zu kalt, zu direkt, ohne Gefühl. Rainer kam sich hilflos vor.

»Du wirst ihnen in jedem Fall wehtun müssen. All ihre Ideen, all ihre Wünsche werden berührt. Nichts mehr würde für sie bleiben, wie es bisher in ihrem Leben gewesen ist. Sie sind es, die es am ehesten betrifft. Sie haben dich großgezogen in der Hoffnung und Erwartung, dass ihre Ideale in dir eine Fortsetzung finden. Und du wirfst all ihre Fantasien über den Haufen.«

»Auf der anderen Seite ist es mein Leben«, erwiderte Rainer.

»Es geht in erster Linie um dich«, konterte Nicole. »Sie sind ein Teil von dir.«

»Das weiß ich. Ich kann nicht als Mann weiterleben, weil sie damit nicht zurechtkommen und ihre Illusionen und Träume unerfüllbar bleiben.« Rainer hörte einen Augenblick auf. Ihm war nicht bei dem Gedanken an seine Eltern. Er erinnerte sich noch an die Episode, als seine Mutter ihn mit dem Rock in der Hand ertappt hatte. Und wenn er an seinen Vater dachte, dann erstand in ihm das Bild eines strengen Mannes, der keinen Widerspruch duldete und seine Vorstellungen mal mit dem Stock vertreten hatte. Wie würden sie auf die Ankündigung reagieren, keinen Sohn erzogen zu haben, sondern eine Tochter?

Stunden später saß Rainer in seiner kleinen Dachwohnung und ließ den Nachmittag Revue passieren. All seine Befürchtungen und Ängste hatten sich bestätigt. Es war der schlimmste Tag im Leben seiner Eltern wie für ihn gewesen. Seine Mutter hatte aufgelöst in ihrem Sessel gesessen. »Wie konnte das passieren? Was haben wir falsch gemacht? Womit haben wir das verdient? Was soll jetzt geschehen?«

Und sein Vater hatte lautstark getobt: »Was sollen die Leute von uns denken? An uns denkst du nicht?«

Im Laufe des Nachmittags hatten sich die Wogen geglättet. Und später hatten sie zusammengesessen und so ruhig wie möglich darüber gesprochen. Letztendlich erkannte sein Vater, dass es keinen Sinn machte, sich gegen die Transsexualität seines Sohnes zu sperren. Er verstand, dass sie zwar den Sohn verlieren, aber eine Tochter gewinnen. Das war nicht leicht zu verstehen, an dieser Tatsache kamen sie nicht vorbei. Es würde Jahre dauern, bis sie sich daran gewöhnten. Es würde noch viel Zeit vergehen, ehe sie es verstehen und akzeptieren würden.

Der Sonntag hinterließ eine Spur der Depression. Seine Eltern zogen sich erst zurück, überließen sich der Trauer. Für Rainer war es nicht mehr möglich, seinen Eltern unbefangen entgegenzutreten. Er fühlte sich an das Gleichnis der zwei Kreise erinnert, das hier eine neue Definition erhielt. Durch die Offenbarung, transsexuell zu sein, hatte er die Bindungen dieser Kreise auf die Probe gestellt. Im Moment sah es aus, als würden die Brücken daran zerbrechen. »Verstehen kann ich es.« Nicoles Hände lagen auf seinen Schultern. »Deine Eltern können es nicht nachvollziehen. Für sie ist es das Ergebnis ihrer Erziehung. Sie glauben, versagt zu haben.«

»Es ist nicht ihre Schuld.« Rainers Blick ging ins Leere. »Es ist meine Sache.«

»Nein«, erwiderte Nicole. »Es betrifft sie ebenso wie dich, eure Kreise sind miteinander verbunden. Was in dem einen Kreis passiert, beeinflusst den anderen. Die Schnittmenge verändert sich. Sie haben Anteil an deinem Leben, wie du an ihrem. Und ihr Leben ändert sich, wenn sich dein Leben ändert. Du musst ihnen Zeit lassen. Eines Tages werden die Bindungen zwischen den beiden Kreisen tragfähig sein.«

»Und wenn die Bindungen nicht zusammen-finden? Was dann?«, fragte Rainer.

»Dann wirst du es nicht ändern können«, antwortete Nicole. »Du kannst versuchen, es ihnen leicht wie möglich zu machen. Jeder Mensch, mit dem du umgehst, wird durch dein Leben und meine Existenz mitbestimmt. Sei es das Beispiel mit dem Garten, wo jeder des anderen Erfüllungsgehilfe ist, oder wie im Beispiel mit den Kreisen. Es gibt Bindungen, die das Zusammenleben bestimmen. Sei es die Bindung zu den Eltern, zu Freunden oder zu Kollegen.« Rainer erhob sich und ging in die Küche. Bald würde Detlef von der Arbeit kommen. Seit sie beide zusammenwohnten, erledigte Rainer die meiste Hausarbeit, da er im Augenblick keiner Beschäftigung nach-ging. Es wäre ihm lieb gewesen, wenn Detlef sich nicht nur finanziell an ihrer Wohnge-meinschaft beteiligte.

Seit seiner Offenbarung, transsexuell zu sein, hatte sich ihre Freundschaft auf unerklärliche Weise geändert. Detlef hatte von Beginn an seine Bestrebungen unterstützt, seinen

Wunsch nach einem weiblichen Leben akzeptiert, ohne ihn infrage zu stellen. Rainer fragte sich, warum Detlef all dies auf sich nahm. Ihre Freundschaft bestand seit Kindertagen und war mit den Jahren gewachsen. Die Qualität hatte sich geändert, unmerklich und spürbar. Warum sie sich näherkamen, konnte Rainer nicht sagen.

»Jeder Mensch, jeder Kreis, hat Verbindung zu anderen Kreisen. Zu dem einen mehr, zu einem anderen weniger. Es gibt Kreise, deren Bindungen brechen durch irgendwelche Ereignisse auf, um für neue Bindungen Platz zu machen. Zu Detlef hast du eine Beziehung, welcher Art sie ist. Das herauszufinden, ist deine Aufgabe. Vielleicht bin ich der Grund für Eure Beziehung.«

»Wen erkennt er an?« Rainer schaute fragend zu Nicole, deren Hände ihren Platz auf seinen Schultern verließen.

»Das weiß ich nicht. Ich kann für mich sprechen. Und für mich war Detlef von Anfang an ein Freund, ein guter Freund, ohne körperlichen Anspruch.« Nicole musste lachen, sie war eine geistig-seelische Wahrnehmung. »Und was ist mit dir?«

»Das weiß ich nicht. Er fasziniert mich, er ist

stark. Ich fühle mich in seiner Gegenwart gut. Vielleicht liegt das daran, dass wir uns lange kennen. Ist das wichtig?«

»Ich wüsste gern, was Detlef denkt.«

Der erste Schritt

»Na, und nun?« In Nicoles Stimme schwang diese Schadenfreude mit, die ihn rasend machen konnte. Gerade hatte er einen Brief vom Kreiswehrersatzamt bekommen. Sie forderten ihn auf, sich zur Musterung einzufinden. Zum Bund konnte und wollte Rainer unter keinen Umständen. In diesem Augenblick klingelte es an der Tür. Es war Detlef.

»Hier ließ mal.« Rainer gab ihm den Brief. »Es ist klar, dass ich da nicht hingehe. Ich werde gleich morgen zu Dr. Rommel gehen.«

»Ach, ich dachte, du hättest das hinter dir«, erwiderte Detlef.

»Wollte ich ...«, antwortete er.

»Dachte ich es mir! Du hast Angst vor deiner eigenen Courage.« Detlef legte das Schreiben beiseite. »Wie ich das sehe, kommst du jetzt nicht mehr daran vorbei. Weißt du, was du willst?«

»Ich habe Jahre damit zugebracht, mich zu finden. Und, wo ich weiß, dass Nicole zu mir gehört, kann ich nicht anders. Wie es jetzt ist, kann es nicht bleiben – und das wird es hoffentlich nicht. Was mich jetzt noch erwarten kann, wird nicht schlimmer sein, als all die

Jahre der Ungewissheit und Suche nach mir.«

»Wissen deine Eltern davon?«, fragte Detlef.

»Nein, um Gotteswillen!«, rief Rainer aus. »Die würden mit Sicherheit den Schock ihres Lebens bekommen. Du kennst meinen Vater.«

»Wenn sie es von Dritten erführen, wäre das eine Riesenkatastrophe.«

Rainer scheute das Gespräch mit seinen Eltern, nicht zuletzt aus Angst vor ihren Reaktionen. »Ich werde es ihnen dann erzählen, wenn ich meinen Weg gefunden habe.«

»Hast du das nicht längst?«, fragte Detlef und fügte hinzu: »Sie werden nicht verstehen, dass du sie nicht von Anfang an ins Vertrauen gezogen hast.«

»Ich kann es ihnen jetzt nicht sagen, obwohl es besser wäre.« Er konnte sich vorstellen, wie seine Mutter darauf reagieren würde. Und was sein Vater dazu sagen würde, wagte er sich nicht erst auszudenken.

»Du musst es wissen, richtig finde ich es nicht.« Detlef erhob sich. »Kommst du heute mit in den Club?«

»Ich muss noch für die Prüfung lernen. Grüß mir die anderen.«

»Denk mal darüber nach. Deine Eltern sind nicht, wie du meinst.«

Rainer brachte Detlef noch zur Tür. »Ich hoffe, du erwähnst das nicht im Club.«

»Du kannst dich auf mich verlassen. Das ist deine Angelegenheit. Du kannst mit mir rechnen. Bis morgen, Rainer.«

Rainer spürte Nicoles Hände auf den Schultern. Und er hatte das erste Mal das Gefühl der Bedrückung. »Gerade deine Eltern haben ein Recht zu erfahren, dass sie keinen Sohn gehabt haben. Und haben werden.«

»Es ist kein leichter Weg.« Rainer spürte, wie es ihm die Kehle zusammenzog. Tränen bahnten sich ihren Weg. »Und mir wird nichts anderes übrigbleiben. Zuvor muss ich Sicherheit über meine Zukunft haben, unsere Zukunft. Dann werde ich ihnen alles erzählen.«

»Wie du meinst.« Nicole versuchte nicht länger, Rainer zuzureden. »Du weißt, dass dies ein wichtiger Schritt für uns beide ist. Wenn ich ihn dir ersparen könnte, würde ich es tun.«

Am nächsten Abend stand Rainer vor der Praxis seines Hausarztes. Sein Herz schlug bis an den Hals. Nicole schob ihn mit Nachdruck zur Tür, die ihm Angst und Hoffnung machte. Während er im Wartezimmer saß, überlegte er krampfhaft, wie er sein Anliegen formulieren sollte. Nervös krallten sich die Finger in den Stuhl, und sein Blick hetzte unruhig hin und her. Da öffnete sich die Tür. Die Sprechstundenhilfe bat ihn, mitzukommen. Er erhob sich, mit schweren Schritten folgte er ihr. Erwartungsvoll und angsterfüllt ließ er sich auf den Stuhl im Sprechzimmer fallen. Seine Nervosität stieg mit jedem Augenblick, den er dort saß. In seinem Bauch kribbelte es, und seine Hände glitten fahrig über die Stuhllehnen. Verdammt, was soll ich machen? Ich halte diese Spannung nicht länger aus. Wenn ich es hinter mir hätte! In diesem Augenblick hörte er, wie sich die Tür einen Spalt öffnete, dann fiel die Tür ins Schloss.

»Wie geht es dir, Rainer? Was kann ich für dich tun?«

Wie sollte er bloß anfangen? Er suchte nach Worten. Der Blick seines Arztes ruhte auf ihm. Er fasste sich langsam: »Ich weiß nicht, wie ich beginnen soll?«

»Na, schlimm kann es nicht sein.«

Der hat gut reden, dachte Rainer bei sich. Es geht um viel.

»Ich möchte Sie bitten, mir zu helfen. Ich weiß nicht mehr, was ich machen soll. Seit Langem weiß ich, dass ich anders bin. Es hat

173

mich Jahre gekostet, dahinterzusteigen – ich bin eine Frau.

In meinem Gefühl, in meiner Gedankenwelt. Ich fühle weiblich.« Jetzt war es heraus, es gab kein Zurück mehr!

Sein Hausarzt war es, der ihm jetzt sagen würde, was er tun musste, damit die Odyssee seiner Seele in diesem Körper ein Ende hat! Unwiderruflich! Der sah ihn noch ruhig, unbeteiligt an. Es schien, als überlegte er, was er antworten konnte.

»Rainer, ich kann dir nicht helfen. Es gibt Fachleute, die sich mit Transsexualität auskennen. Und wenn das bei Dir sein sollte, dann können die besser sagen, was du tun musst. Ich kann dir nicht versprechen, dass es eine Lösung für dein Problem gibt.«

»Wer kann mir helfen?« Rainer spürte, wie ihm die Luft wegblieb. Durch den Tränenschleier blickte er Hilfe suchend zu seinem Arzt.

»Es gibt da jemanden, den ich dir empfehlen kann.« Der Arzt griff ein Buch aus dem Regal direkt hinter sich, suchte eine bestimmte Stelle und notierte was auf einem Zettel. Während dieser Zeit beobachtete er Rainer. »Ruf dort bitte an und vereinbare einen Termin. Ich schreibe dir eine Überweisung aus. Und wenn du dort gewesen bist, komm bitte zu mir. Viel Glück, Rainer.«

Er nahm den Zettel entgegen und schaute kurz darauf. Eine Telefonnummer und ein Name. »Das ist ein Psychiater, der sich mit Transsexualität beschäftigt. Der kennt sich da bestens aus.«

»Ich bin nicht geisteskrank!«, empörte sich Rainer.

»Nein. Transsexualismus ist eine Störung, die professionell behandelt werden muss. Du brauchst keine Angst zu haben. Wenn ich dich nicht ernst nehmen würde, würde ich dich nicht zu ihm schicken. Es wird werden, Rainer. Es wird ein langer, schwerer Weg.«

Mit einer väterlichen Geste schob der Arzt ihn zur Tür hinaus und folgte ihm zur Anmeldung. »Danke, Herr Doktor Rommel«, brachte er noch mühsam heraus, dann verließ er mit wackligen Knien die Praxis. Er spürte Nicoles Hände auf seinen Schultern.

»Deine Angst war unbegründet, Rainer.«

»Ich konnte nicht wissen, ob er mich überhaupt ernst nimmt.« Er nahm den Zettel hervor. Gleich morgen wollte er anrufen.

»Du hast ihn überzeugt«, erwiderte Nicole.

»Dies war ein wichtiger Schritt. So kommen wir ans Ziel. Du kannst ebenso den Zettel wegwerfen, wenn du dir unsicher bist. Dann war alles umsonst.«

Das klang traurig und verzweifelt. Erschöpft und durcheinander ließ er sich Zuhause in seinem Sessel nieder und blickte gedankenverloren in den Regen hinaus, der kalt und monoton ans Fenster klopfte. Vor seinen Augen zeigte sich eine Landschaft, die ihm Angst machte und zugleich neugierig. Er befand sich auf einem schmalen, holperigen Weg in einer dunklen, unwirklichen Gegend. Um ihn nichts weiter als trostlose Einöde, aus der es kein Entrinnen gab. Groß und unheimlich starrte ihn ein schwarzes Loch an, fordernd und gleichzeitig abweisend. Rainer betrat unsicher einen unbeleuchteten, engen Tunnel. Und hatte er ein paar Schritte getan, verdunkelte sich alles um ihn, nicht die eigene Hand vor Augen konnte er erkennen. Und hinter ihm zog sich die Welt bedrohlich zusammen. Das letzte Licht schwand. Es lag jetzt an ihm, wie er vorwärtskam, an einen Rückweg war nicht mehr zu denken. Er hatte überhaupt keine Ahnung, wohin dieser Tunnel führte und wo der Weg enden sollte. Seine Neugier bahnte sich ihren Weg durch die Finsternis. Er spürte Nicoles Hände auf seinen Schultern.

Rainer blieb stehen. »Weißt du, wohin der Weg führt?«

»Wie du siehst, hast du keine andere Wahl als den Weg zu verfolgen. Vertraue dir, dann wird es für dich leichter, den Weg zu vollenden. Wenn du verstehst, dass es deine Aufgabe ist, ihn zu bezwingen, dann hast du das Bild richtig verstanden. Dein Hausarzt hat dir einen Weg gewiesen, den du gehen kannst. Wenn du zu dem Psychiater gehst, entscheidest du dich für den Tunnel. Und wenn du nicht hingehst, wirst du nicht erfahren, was hinter dem Tunnel auf dich wartet.«

»Weißt du es?«, fragte Rainer. Er hatte das Gefühl, auf dem richtigen Weg zu sein. Diese Ahnung ließ ihn seinen Weg fortsetzen. Er fand sich gut zurecht trotz der Finsternis, die ihn umfing. Es roch unangenehm und sein Weg war mit Felsbrocken verstellt. Und an manchen Stellen kam er nur kriechend voran. Er schöpfte neuen Mut und Kraft. Nicoles Hände begleiteten ihn. Ihm war, als ob der Tunnel länger wurde, je verbissener er voran strebte.

»Du darfst es nicht überstürzen«, warnte ihn Nicole. »Du darfst nicht zu viel erwarten.«

Im gleichen Moment fand er sich in der Wirklichkeit ein. Draußen war es ebenso dunkel wie in den Tunnel. Mühsam konnte Rainer sich orientieren. Dann fand er den Lichtschalter. Das Erlebnis des Tunnels wirkte noch nach. Wenn er das Ende des Tunnels erreichte, verlöre die Mauer zwischen Nicole und ihm ihre trennende Bedeutung.

Den nächsten Tagen sah er mit gemischten Gefühlen entgegen. Er war froh, dass er schnell einen Termin bekommen hatte. In ihm wuchsen Zweifel, der Psychiater könnte ihn nicht ernst nehmen und bevorstehende Prüfung und sein Ausbilder machten ihm das Leben schwer.

»Du solltest dir nicht alles gefallen lassen«, schalt ihn Nicole. Ihre Hände legten sich wie gewohnt auf seine Schultern. »Wer sich nicht wehrt, degradiert sich zu dem Nichts, was andere in ihm gerne sehen wollen. Und das ist nicht das, was du dir vorstellst, wenn du an deine Zukunft denkst, oder?«

»Gegen diesen Choleriker kann ich nichts machen«, rechtfertigte er sich. »Ich bin auf ihn angewiesen.«

»Er kann nicht machen, was er will. Wenn du da klein beigibst, was sagst du dem Psychiater?«

»Wenn ich nicht einen Funken Hoffnung hätte, dass er mich versteht, würden wir jetzt nicht hinfahren.«

»Das wollte ich hören«, beschwichtigte Nicole.

Sein Herz klopfte vor Aufregung bis zum Hals und seine Hände begannen zu zittern und in seinem Kopf breitete sich eine Unruhe aus, die seinen ganzen Körper erfasste. Nicoles beruhigende und hilfreiche Hände lenkten ihn. »Es geht nicht um dich, Rainer. Meine Zukunft in dir wird sich entscheiden.«

»Und was wird aus mir?« Rainer setzte sich einen Augenblick auf eine Bank. »Meinst du, ich könnte weiterleben? Dann wird für die Mauer zwischen uns sein. Und ich finde zu einer Einheit von Körper, Geist und Seele.«

»Das hast du schön gesagt.« Sie schien ihm eine Strähne aus der Stirn zu wischen. »Das macht mir Mut, unseren Weg zu Ende gehen zu können.«

»Dann lass es hinter uns bringen.«

Einer Eingebung zufolge hatte er den Musterungsbescheid mitgebracht. Sein Herz pochte wie wild, und seine Knie schienen weich zu werden. Wenig später saß Rainer in einem großen Büro vor einem riesigen Schreibtisch, umgeben von schweren englischen Möbeln. Die Atmosphäre, die von der Einrichtung ausging, wirkte beruhigend auf seine aufgewühlte Stimmung. Der Psychiater, der vor ihm in seinem großen Lehnstuhl saß, hatte auf seine Unsicherheit eine ebenso narkotisierende Wirkung. Ein gemütlich wirkender Mann mit grauen Schläfen und buschigen weißen Augenbrauen mit stahlblauen Augen sah ihn freundlich an. Er schien alle Zeit der Welt zu haben. Rainer saß nervös in diesem weichen Sessel. Seine Hände krallten sich in das Leder, bis die Knöchel weiß hervortraten. Sein war Kopf leer, all die sorgsam zurechtgelegten Worte waren verschwunden. Das monotone Ticken der schweren Wanduhr erfüllte den Raum. Da ergriff der Arzt das Wort: »Ich kann mir gut vorstellen, dass es Ihnen schwerfällt, den Anfang zu machen. Was führt Sie zu mir?«

»Das ist nicht in einem Satz zu sagen. Und ich weiß nicht, wie ich anfangen soll. Ich hoffe, dass Sie mir überhaupt helfen können.«

»Die meisten Leute, die zu mir kommen,

können ihr Anliegen nicht in einem Satz ausdrücken. Wir haben genug Zeit. Um Ihnen zu helfen, muss ich wissen, weshalb Sie zu mir gekommen sind.«

Rainer kramte in seiner Jackentasche nach dem Musterungsbescheid. »Ich kann nicht zur Bundeswehr.«

»Und warum nicht?« Der Arzt griff nach dem Brief.

Rainer bemerkte ein leises Schmunzeln in seinem Gesicht.

»Ich bin transsexuell.« Jetzt war es raus, Rainer atmete erleichtert auf.

»Das ist in der Tat ein Problem«, die sonore Stimme des Arztes erfüllte den Raum, ließ die Luft vibrieren. »Ich denke, dass wir beide es lösen können. Ich bin ordentlicher Gutachter für das Kreiswehrersatzamt und habe so direkt mit Ihrer Musterung zu tun. Und was das andere betrifft, habe ich mich lange mit dieser Thematik befasst.«

Für Rainer war diese Eröffnung wie ein Geschenk. Er konnte zwei Fliegen mit einer Klappe schlagen. Die Befragung und Untersuchung dauerte weit länger, als Rainer gedacht hatte. Die erste wichtige Hürde hatte er genommen! Rainer verabschiedete sich, sichtlich erleichtert, diesen Termin überstanden zu haben. Er hatte es sich schwerer vorgestellt, und dann war es gut gegangen. Das machte ihn stolz.

»Das hast du gut gemacht.« Nicoles Hände ruhten bestätigend auf seinen Schultern. »Du hast genauso gehandelt, wie ich es erwartet habe.«

»Das war ein hartes Stück Arbeit.« Rainer bog in seine Straße ein. »Es hat mich schön viel Kraft gekostet.«

Die Aussprache hatte von ihm alle Kraft gefordert. Er wünschte sich nichts sehnlicher, als früh zu schlafen und alles für ein paar Stunden hinter sich zu lassen.

Bedrohlich und gleichzeitig anziehend öffnete sich vor ihm die Finsternis. Die Umgebung des Tunnels hatte sein Gesicht geändert. War bei seinem ersten Besuch in dieser Gegend kein weiterer Weg auszumachen gewesen als den durch den Tunnel, erkannte er nunmehr einen engen zugewachsenen Weg, der von dem Tunnel wegführte. Wohin mochte dieser Weg führen?

»Warum habe ich diesen Weg beim ersten Mal nicht gesehen, Nicole?« Weit reichte sein Blick nicht hinein. Er setzte vorsichtig einen

Fuß vor den anderen. Irgendwohin musste dieser Weg führen. Eine Ahnung trieb vorwärts, Stunden wurden zu Minuten, und der Wirrwarr seiner Fragen gewann an Profil. »Habe ich eine andere Wahl, als zu dem Tunnel zurückzukehren? Hier scheine ich nicht weiterzukommen. Ich werde das Gefühl nicht los, rückwärts zu gehen.«

»Du gehst nicht rückwärts, du kehrst an den Beginn zurück«, hörte er Nicole sagen. »Und je weiter zu zurückkehrst, desto weiter entfernst du dich von mir.«

»Das verstehe ich nicht.« Rainer blieb stehen. »Wie kann ich mich von dir entfernen?«

»Fällt dir nichts auf? Seit wir diesen Weg beschritten haben, lösen sich unsere Bindungen mit jedem Schritt, den du vorwärtsstrebst.« Ihre Stimme klang leiser.

»Wo bist du? Ich kann dich nur schwer verstehen. Willst du damit sagen, dass du mich verlassen willst?«

»Nein. Nicht ich will dich verlassen, du bist auf dem Weg, mich zu verlassen. Unsere Wege werden sich trennen müssen.«

»Das verstehe ich nicht.« Rainer schaute sich suchend um. »Wie können wir uns verlieren? Wir sind auf dem Weg, uns zu finden.«

»Hinter der nächsten Wegbiegung kommt eine Lichtung. Sie wird dir bekannt vorkommen. Es ist die Biegung, an der du deinen Garten betreten hast. Dort trennen sich unsere Wege.«

Unsicher und zweifelnd setzte er seinen Weg fort. Hinter der nächsten Biegung tat sich eine große Lichtung auf, sowie sie es vorhergesagt hat. Mit schweren Schritten trat er hinaus und sah sich um. Nebel lag über der Wiese und hüllte die angrenzenden Bäume in milchiges Weiß. Kein Laut unterbrach die gespenstische Stille, alles schien wie ausgestorben. Er setzte sich in das feuchte Gras und dachte über ihre Worte nach. Er konnte sich nicht vorstellen, dass es wahr sein sollte, was sie gesagt hatte. Ihr Griff hatte sich unmerklich gelöst! Was sollte er jetzt machen? Er fühlte sich hilflos und verlassen! Angst, Einsamkeit und Verunsicherung machten sich in seinem Herzen breit. Was sollte er tun? Wie sollte es für ihn jetzt weitergehen? Er konnte keinen klaren Gedanken mehr fassen. Unmerklich wurde es dunkler um ihn, und bald sah er die Hand vor Augen nicht mehr. Wenn Nicole bei ihm wäre, würde sie ihn führen, wie sie es all die Jahre getan hatte! Sie würde ihm zeigen, was er jetzt tun musste, sie würde seinem Leben einen Sinn geben. Rainer hatte das Gefühl, sterben zu müssen, sterben zu wollen! Nein, ohne sie war dieser Garten leblos, feindlich und zunehmend bedrohlich. Er sah die schwarzen Konturen der Bäume, die sich über ihm zusammenzogen. Der Wind, der durch die Äste strich, schwoll zu einem wahren Orkan an, unter dem sich die Bäume tief auf den Boden neigten. In all der Zeit, die er mit ihr in diesem Garten verbracht hatte, hatte er viel Angst verspürt. Wie sollte sein Leben weitergehen, wenn er sie nicht wiederfand?

Dann kam ihm eine Idee. Wenn er diese Lichtung verlassen würde, müsste er sie wiederfinden. Diese Hoffnung ließ ihn aus der lähmenden Lethargie erwachen, die ihn befallen hatte. Er erhob sich und tastete sich im Dunkeln vor. Es war ihm unmöglich, den Rand der Lichtung zu erreichen! Es schien, als würde er auf der Stelle treten. So sehr er sich mühte, er kam keinen Schritt vorwärts. Und mit jedem Versuch, mit jedem Schritt sank seine Hoffnung, Nicole wiederzufinden. Bald hatte er keine Kraft mehr und ließ sich entmutigt auf den Boden sinken. Er war kalt und feucht, seine Hosen hingen wie nasse Lappen um seine Beine, und die Kälte der Nacht fuhr in seine Glieder. In seinen Augen standen Tränen der Trauer, der Wut und der Angst. Mutlos ergab er sich seinem Schicksal.

In diesem Augenblick erwachte Rainer aus seinem Traum. Die Angst ließ ihn schaudern, jetzt noch verfolgte ihn dieses unheimlich einsame Gefühl, das er auf der Lichtung verspürt hatte. Ihm wurde klar, dass er sein Leben ohne Nicole nicht würde weiter führen können. Er musste alles tun, ihr ein Leben in ihm zu ermöglichen! Ohne sie war er wie diese Lichtung – ohne Konturen, ohne Gedanken, ohne Gefühl. Er war froh, dass dies alles nur ein Traum war.

In den kommenden Wochen hatte Rainer viel Gelegenheit, mit dem Psychiater zu sprechen. Stunden verbrachte er damit, ihm Einblick in seine Gefühle und Gedanken zu geben. Von seinen Fantasien und Träumen berichtete er. Dafür erhielt er detaillierte Anweisungen und Erklärungen.

»Wenn es einen Weg gibt, mich von meiner Haut zu befreien, dann möchte ich mich operieren lassen.« Rainer schaute Hilfe suchend zu seinem Arzt. »Wie es jetzt ist, kann und darf es nicht bleiben.«

»Das wird kein einfacher Weg«, entgegnete dieser. »Wenn es Ihnen ernst ist, werden Sie diesen Weg bis zum Ende gehen. Und wenn nicht, dann werden sie weiterleben, wie sie es bisher getan haben.«

Rainer nickte heftig und er spürte Nicoles Hände, die ihn wie gewohnt begleiteten. Er hegte keinen Zweifel daran, dass er alles durchstehen würde, um ihr für nahe zu sein.

»Dann werde ich Ihnen jetzt erklären, worauf es jetzt ankommt.« Der Arzt nahm einen Zettel zur Hand und begann, zu schreiben. »Es wird wenige Menschen geben, die Ihnen zur Seite stehen.

Hier habe ich notiert, was Sie alles in der nächsten Zeit erwartet.«

Rainer betrachtete die Liste. »Wie lange wird das alles dauern?«

»Das hängt von verschiedenen Faktoren ab«, erwiderte dieser. »Eines kann ich Ihnen jetzt sagen. Es wird Jahre dauern, viel Geld kosten und vor allem Nerven. Ich kenne Fälle, in denen hat es zehn Jahre und länger gedauert.«

Das war eine lange Zeit! Rainer glaubte fest daran, dass ihn das nicht abschreckte. Zu groß war sein Bedürfnis, als Frau zu leben und damit Nicole eine Heimat in seinem Körper zu geben. »Es ist mir gleich. Ich werde alles tun, was von mir verlangt wird. Es kann nicht schlimmer sein, als jahrelang unter falschen Voraussetzungen zu leben.«

»Wie Sie meinen«, antwortete der Arzt. »Ich werde Ihnen, soweit ich kann, helfen. Der Rest ist Ihre Aufgabe. Fürs Erste ist es genug. Hier ist die Adresse einer Therapiegruppe, wo Sie sich mit anderen Betroffenen austauschen können. Diese Menschen haben zum Teil alles hinter sich, andere befinden sich in einer ähnlichen Lage wie Sie. Aus ihren Erfahrungen können Sie lernen. Und dann gebe ich Ihnen noch die Adresse eines Therapeuten. Ich darf die erforderliche Therapie nicht durchführen. Wenn Sie bei der Selbsthilfegruppe waren und einen Termin bei dem Therapeuten haben, besprechen wir die weiteren Einzelheiten. Ich erstelle die erforderlichen Gutachten für die Krankenkasse und Gerichte.«

Wenig später verabschiedete Rainer sich. Sein Kopf schwirrte von all den Dingen, die er heute erfahren hatte. Er war gewillt, alles zu tun, was ihn weiterbringen würde. Zu allem Überfluss war in wenigen Wochen seine Ausbildung zu Ende, die Prüfungen liefen. Der Termin bei der Musterung stand noch aus.

»Wir haben noch ein gutes Stück Weg vor uns. Wir werden es schaffen«, er saß bei einer Tasse Kaffee und sah sich die lange Liste an, die ihm der Psychiater mitgegeben hatte.

»Wir müssen es schaffen«, Nicole legte wie gewöhnlich ihre Hände auf seinen Schultern. »Du solltest mit Detlef darüber reden.«

»Das ist eine gute Idee.« Er überflog die Notizen. »Was soll ich davon bloß zuerst machen?«

»Du solltest zuerst den Therapeuten und die Gruppe anrufen. Die wissen besser, was du zuerst machen musst.«

Den ersten Termin beim Therapeuten bekam er für die kommende Woche, und das nächste Treffen der Gruppe war erst in vierzehn Tagen. Er konnte sich in aller Ruhe mit den weiteren Punkten auf seiner Liste auseinandersetzen. Da stand von Hormonbehandlung und einem praktischen Jahr. Dann war da noch der wichtige Punkt der Finanzierung. Gutachten Personenstand und Namensrecht. Letzteres würde ihm nicht schwerfallen. Nicole sollte sein Name fortan sein.

»Schau dich um, wo sind wir?«

»Was ist das, Nicole? Wieso ist mir das noch aufgefallen?«

»Kannst du dir das nicht denken? Es ist das Immergrün, von dem ich dir erzählt habe. Es hat bisher deine Wege gesäumt – und es wird in Zukunft deine Wege zieren.«

»Warum ist es mir aufgefallen?«

Rainer betrachtete das kleine Pflänzchen. Es sah nach nichts aus, dunkelgrüne, kleine Blättchen mit einem dichten Flaum winziger Härchen. Kräftige Wurzeln hielten es dicht am Boden. »Hat es keine Blüten?«

»Es kann nicht blühen, und trotzdem pflanzt es sich fort.«

»Wie soll das gehen?«, fragte Rainer verdutzt.

»Das ist das Geheimnis des Lebens«, antwortete Nicole. »Es nährt sich von deinen Erfahrungen und Erlebnissen, gleichgültig, wohin dein Weg führt. Es wird dein Begleiter sein. Wenn dein Weg sich ändert, dein Leben in neue Bahnen gelenkt wird ... deine gelebte Geschichte, dein Lebenslauf, ändert sich nicht. Du kannst dein Leben nicht ungeschehen machen. Dieses Immergrün wird bestehen bleiben.«

Sein Leben sollte sich ändern. Nicht mehr würde sein, wie es bisher gewesen war. Wie konnte dann das Immergrün weiterleben? Es musste vergehen! Rainer wurde nicht schlau aus diesen Worten. Er hatte soeben begonnen, sein Leben zu ändern. Da hörte er Nicole sagen: »Rainer, du scheinst zu glauben, dass sich deine Vergangenheit ändert. Das ist ein Trugschluss. Alles bisher Erlebte ist wie das Immergrün. Es ändert sich nicht, es wird das bleiben, was es war.«

Er setzte seinen Weg fort, einer unbestimmten Ahnung folgend, lenkte er seine Schritte zu der Mauer, die ihre beiden Leben trennte. Nachdenklich ließ er sich auf den Zinnen nieder. Dieses Immergrün wollte ihm nicht aus dem Kopf gehen. Was hatte Nicole noch gesagt? Sein bisher gelebtes Leben sei das Immergrün, das weiterhin seine Wege zieren sollte? Das wollte er nicht wahrhaben. Wofür sollte er dann all die Mühen und Schwierigkeiten auf sich nehmen, wenn sich nichts ändert! Dann würde alles umsonst sein! Würde er sich nicht ändern, wenn er erst alles hinter sich lassen durfte? Rainer schaute sehnsüchtig auf die Welt hinab, die in seinem Herzen seine eigene war. Eine unerklärliche Traurigkeit trieb ihm Tränen in die Augen. Und wenig später glitt er sanft aus seiner Traumwelt zurück in die Gegenwart. Er hatte große Mühe,

Nicoles Worte zu verstehen. Mit großen Erwartungen war er zum Therapeuten gegangen, viel war nicht herausgekommen. Es schien, als ob dieser Mann ihn nicht ernst nehmen würde. Ob er je sexuellen Kontakt zu Frauen gehabt habe? Nein. Und zu Männern? Er war nicht schwul! Und ob er sich bewusst sei, dass er durch seine Haltung die Gesellschaft verließe? Und ob er überhaupt wüsste, was es heißt, transsexuell zu sein? Dass er eine Ausnahme sei, war Rainer klar. Dass nicht jeder ihn und seine Gefühle nachempfand. Dieser Mann schien keine große Hilfe zu sein!

»Die Gruppe hilft dir vielleicht mehr«, suchte Nicole zu beschwichtigen.

»Wenn mir das nichts bringt, muss ich es allein durchstehen«, sagte Rainer enttäuscht.

»Bisher ist es gut gelaufen, du darfst den Mut nicht verlieren.«

»Dein Optimismus in Ehren, du musst es nicht machen.«

»Erzähle davon bei der Gruppe, die wissen, wie du es machen musst. Und dann versuchst du es halt wieder.«

Für diesen Abend machte er sich gut zurecht. Es war ein lauer Sommerabend. Er hatte große Lust, im nahen Stadtwald frische

Luft zu schnappen. Er fühlte sich gut, und für wenige Augenblicke entfloh er der Realität, war Frau. Gerade als Rainer sich am nächsten Tag für die

Gruppe zurechtmachen wollte, kam Detlef. »Wo willst du hin, Rainer?«

»Heute Abend trifft sich eine Selbsthilfegruppe. Der Psychiater hat mir den Tipp gegeben.«

»Gute Idee«, Detlef setzte sich und überflog den Zettel. »Wird ein langer Weg, wenn du ihn gehen wirst.«

»Glaubst du nicht, dass ich es durchziehen werde?«, empörte Rainer sich. »Was soll daran falsch sein, Detlef?«

»Damit wird das Problem für dich nicht erledigt sein. Für dich wird es noch schwieriger«, lenkte Detlef ein.

»Das glaube ich nicht. Schwerer kann es nicht werden«, erwiderte Rainer. Damit war für ihn das Thema erledigt. Wenn er rechtzeitig zu dieser Gruppe kommen wollte, musste er sich jetzt auf den Weg machen. Auf dem Weg dorthin dachte Rainer noch über Detlefs Worte nach. Weshalb unterstützte er ihn? Warum zweifelte er an Nicole? Was dachte er? Er hatte das Gefühl, dass Detlef nicht ehrlich mit dem war, wie er ihn sah. Er mochte ihn, sie waren viele Jahre befreundet. Detlef? Was steckte dahinter? Die Zeit würde eine Antwort darauf geben.

Die Selbsthilfegruppe erwies sich als eine Quelle neuer und wichtiger Eindrücke. Diese Gruppe bestand aus Menschen, die ebenso wie er, auf der Suche nach ihrem Leben und ihrer Identität waren, und die nunmehr ihren Weg gefunden hatten. Eine Frau war darunter, die alles hinter sich hatte. Ihre Operation lag Jahre zurück. Rainer fühlte sich gleich verstanden, vieles kannte er aus eigener Anschauung, andere Erlebnisse und Gedanken waren ihm neu. Der Verlauf des Abends war für alle positiv gewesen. Die Berichte und Geschichten der anderen hatten Rainer zwar gezeigt, um wie viel schwerer sein Weg noch würde, dennoch bestärkten ihn die sichtbaren Erfolge der anderen. Und die Tipps wollte er in jedem Fall beherzigen. Zufrieden und erwartungsvoll blickte Rainer in die Zukunft.

»Ich denke, jetzt weiß ich, welchen Weg ich gehen muss.«

»Das wird nicht leicht«, entgegnete Nicole.

»Sie hat es geschafft.«

»Meinst du, du wirst es schaffen?«

»Ich werde mich operieren lassen, dann erst werde ich Ruhe haben.«

Tage später machte sich Rainer für einen weiteren Termin bei diesem Therapeuten zurecht. Diesmal nahm er sich den Tipp der Selbsthilfegruppe zu Herzen. Er kleidete sich als Frau! Es war ein schwerer Gang, es musste sein, wollte er ihn von der Festigkeit seiner Gefühle und Gedanken überzeugen. Nervös und unsicher, dennoch fest entschlossen, machte Rainer sich auf den Weg.

Endlose Minuten später saß er, mit einer Perücke und reichlich Schminke, die das Männergesicht bedeckte, vor dem Therapeuten. Seine Hände, die sich nervös in die Lehnen krallten, das Gesicht, das trotz des Bartwuchses weich war, und die Art, wie Rainer sprach. Er hielt dem Blick des Therapeuten stand. Wortlos saßen sie sich gegenüber, beide mit eigenen Gedanken beschäftigt. Rainer fühlte sein Herz bis zum Hals schlagen, als wolle es aus ihm herausquellen. Minuten des Schweigens vergingen, seine Gedanken schwirrten umher. Die Stille im Raum wurde unerträglich.

Nicole gab ihm eine gewisse Sicherheit und Rainer begann, leise und vorsichtig zu sprechen: »Bei unserem ersten Gespräch habe ich mich von Ihnen nicht ernst genommen gefühlt. Ich habe nicht gewusst, wie ich mich verhalten soll, was ich tun muss.«

»Was unterscheidet diese Gedanken und Gefühle von denen, wenn Sie in eindeutig maskuliner Kleidung auftreten?«

Er sah seinem Therapeuten nach, der sich erhob. »Es ist wie nach Hause zu kommen. Als Kind habe ich nicht begriffen, warum ich mich im Rock wohler fühlte. Jetzt weiß ich es. Wie es jetzt im Augenblick ist, ist es richtig.«

Der Arzt blickte Rainer interessiert an. »Sie wissen, dass Ihr Weg nicht leicht sein wird? Es erfordert eine ganze Menge Kraft und Mut, dazu zu stehen. Und es wird viele Menschen geben, die sie nicht ernst nehmen werden. Es ist nicht damit getan, einen Operateur zu finden, der die geschlechtsanpassende Korrektur Ihres Körpers vornimmt. Sie werden sich weitaus schwereren Eingriffen in ihr Leben ausgesetzt sehen. Es wird alles von Ihnen fordern. Nicht psychisch, finanziell und gesellschaftlich.«

»Das weiß ich«, antwortete Rainer. »Ich habe keine andere Wahl. Wenn ich sein will, muss ich diesen Weg zu Ende gehen.«

Der Fluss ohne Wiederkehr

Die nächsten Monate und Jahre sollten für Rainer zu einer Geduldsprobe besonderer Art werden. Er war gerade zwanzig Jahre geworden. Tag für Tag ging er seiner Arbeit in einer Großhandlung nach, die ihn als Mann forderte. Gleichzeitig lebte in ihm Nicole, die mehr Raum für sich beanspruchte. Er beschritt den langen, schweren Weg, den er für Nicole gehen musste. Einzig der Gedanke an eine Zukunft als Frau und die Hoffnung, am Ende als Nicole ein Leben in Freiheit zu führen. Er befand sich im Zwiespalt, sein tatsächlich gelebtes Leben wich von dem ab, das er führen wollte. Wirklichkeit und Vorstellung wurden zu Feinden, die sich gegenseitig zu bekämpfen suchten. Für Rainer bestand kein Zweifel an seiner weiblichen Identität, davon wollten Gutachter und Ärzte überzeugt werden. Von deren Einschätzung hing seine Zukunft ab – und damit Nicoles Überleben.

Die Selbsthilfegruppe unterstützte ihn. Detlef war zur Stelle, wenn Rainer ihn brauchte. Mit der Zeit erkannte er, dass Detlef ihm eindeutig näher stand als noch Jahre zuvor. Es schien, als ob Detlef Rainer als Frau erkannte

– und begehrte. Er hatte das Gefühl, ernst genommen zu werden. Obschon sich die Frage aufdrängte, welcher Teil seiner Identität Detlef anzog. Wenn es Rainer war, musste Detlef homosexuell sein; und wenn es Nicole war, dann konnte Detlef Rainer richtig akzeptiert haben! Diese Frage anzusprechen, dazu fehlte ihm der Mut.

Die Monate gingen ins Land und Schritt für Schritt eroberte Nicole das Leben. War sie zuvor ein geistiges Wesen gewesen, das Rainer beeinflusste, wurde sie plastischer und greifbarer. Sie begleitete ihn bei seinen Wanderungen durch den Garten, der Realität und Traum miteinander verknüpfte. Gemeinsam hatten sie die Antwort gefunden. Es wurde deutlicher, dass es nicht für alle Zeiten bleiben konnte. Die Probleme, die Rainer mit seiner männlichen Realität hatte, wuchsen von Tag zu Tag, dass er bald darauf seinen eigenen Namen nicht mehr ertragen konnte. Ungeduld und Zorn machten sich in seinem Herzen breit. »Wie lange muss ich noch gehen, bis ich endlich am Ziel bin?« Wut und Trauer machten ihm das Leben unerträglich. »Es ist noch ein weiter Weg«, bestätigte Nicole. »Es ist nicht zu ändern. Du hast mich erst nach Jahren der Suche erkannt und verstanden. Es gibt keinen anderen Weg. Du musst deinem Weg folgen, egal wie weit es noch ist. Es gibt noch vieles zu tun.«

Es gab noch etlichen Hürden. Verließ ihn der Mut, war Nicole zur Stelle und wies ihm den Weg. Detlef stand ihm noch treu zur Seite, entwickelte sich zu einem wahren Freund. Seine Eltern erlebten diese Zeit unbeteiligt wie aus der Ferne. Sie hatten unendlich viel Mühe, ihren Sohn zu verstehen, der eine Tochter sein wollte. Sie zogen sich mehr und mehr zurück. Für sie brach ein Weltbild zusammen, das ihr Leben ausmachte.

Rainer glaubte fest daran, dass sie es eines Tages würden verstehen können. Darauf vertraute er, es blieb ihm nichts Anderes übrig. Dic Gespräche mit dem Therapeuten und der regelmäßige Besuch der Gruppe erleichterten ihm diese Zeit. Er hatte das Gefühl, auf einem Floß einen reißenden Fluss herunterzufahren. Es gab Stromschnellen und Felsen, die ihm den Weg erschwerten. All die Gutachten und Untersuchungen verlangten viel Zeit und Geld. Das war eines der größten Probleme, niemand fühlte sich verantwortlich, nicht die Krankenkasse, die seine Transsexualität nicht anerkennen wollte, nicht die Gerichte, die der ganzen Angelegenheit ebenso skeptisch gegenüberstanden. Die Ärzte, die er aufsuchte, konnten oder wollten ihm nicht helfen. Er stand da, ohne zu wissen, wohin all das führen würde. Ob es überhaupt zu führen würde?

Weder die ablehnenden Bescheide seiner Krankenkasse, die erforderlichen Behandlungen nicht bezahlen zu wollen, noch der zermürbende Kampf mit den Gerichten, die unzähligen Gutachter, die die gleichen Fragen stellten, konnten seinen Weg aufhalten. Er lebte noch für dieses Ziel und nahm weite Wege, unendlichen Schriftwechsel und langwierige Behandlungen auf sich. Die Krankenkasse konnte sich nicht mehr verweigern und erstattete einen beträchtlichen Teil der notwendigen Vorausbehandlungen, die er mit Detlefs Hilfe und einem großen Kredit vorausbezahlt hatte.

Eines Tages bekam er vom Therapeuten das erste Rezept für die Hormonbehandlung. Es war eine Antibabypille und Hormonspritzen, für Nicole ein erster Schritt zu einer weiblicheren Fassade.

Rainer bekam mit der Zeit einen Busen und weiblichere Hüften, seine Haut und die Stimme wurden weicher. Spürbar veränderte sich sein Äußeres. »Siehst du, es geht langsam voran. Jeder Tag bringt uns unserem Ziel näher. Wir haben viel erreicht. Du hast die Gutachter, Gerichte und Krankenkasse überzeugt. Du hast die ersten Schritte getan, wenn noch viel Zeit verstreichen wird, ehe ... ehe aus Rainer endgültig eine Frau wird«, beendete sie diesen Gedanken. »Hast du dich gefragt, was aus Rainer wird, wenn Nicole seinen Platz einnimmt?«

»Das ist mir gleich.« In seiner Stimme schwangen Trotz und Unwillen mit. »Was soll mit ihm geschehen? Er hat existiert, wenn ich dir glauben darf.«

»Das ist nicht richtig. Es gibt einen Menschen namens Rainer, dessen Seele und Intellekt weiblich sind«, erklärte Nicole. »Ich weiß um Rainer.«

»Willst du mich nicht damit in Ruhe lassen. Ich habe genug damit zu tun, eine Frau zu werden. Da kann und will ich mich nicht noch damit befassen, was aus Rainer werden soll.«

»Lass gut sein, Nicole, es wird die Zeit kommen, dass ich mich damit auseinandersetzen kann und will.

Dann ist es noch früh genug. Erst will ich das alles hinter mich bringen. Ich tue es für dich.«

»Wie du willst«, lenkte Nicole ein und schwieg. Das Thema war für sie nicht erledigt.

Zu der Hormontherapie gesellte sich nach einer gewissen Zeit noch die kosmetische Entfernung seines üppigen Bartwuchses. Nicht das äußerst schmerzhafte Epilieren seines starken Bartwuchses, die finanzielle Belastung setzte ihm arg zu. Er konnte froh sein, dass Detlef und auch seine Eltern einen großen Teil dieser Schulden auf sich nahmen. Diese Wege wären für ihn sonst unmöglich gewesen.

Seit er tatsächlich begonnen hatte, Nicole einen Körper zu geben, besserte sich sein seelischer Zustand. Die Freude vernebelte die Qualen, die dieser ganze Prozess mit sich brachte. Rainer spürte Nicoles Unruhe. Im Prinzip blieben seine Eltern, die sich redlich bemühten, ihren Sohn zu verstehen, und Detlef, der ihm zur Seite stand. Seine Kollegen kamen nicht damit zurecht. Sie konnten oder wollten nicht verstehen.

Um es seiner Umwelt leichter zu machen, tauschte er seinen Vornamen in Nicky, einer weiblichen wie männlichen Abkürzung seines

Namens, Rock und Bluse verdeckten die letzten sichtbaren Spuren seiner männlichen Vergangenheit. Die Haare hatte er sich in den letzten Monaten länger wachsen lassen. Die äußeren Veränderungen hatten Konsequenzen. Nicht nur Positives, auch manch Verwirrendes für Rainer ebenso, wie für die Menschen, denen er begegnete. Als er seinen Pass verlängern lassen musste, erkannte man in ihm nicht den Passinhaber. Er musste sich schiefe Blicke und anzügliche Bemerkungen gefallen lassen. Bei der Auflösung eines alten Sparkontos wurde ihm erneut bewusst, wie schwer sein Weg war.

»Lass dich nicht entmutigen, Nicky.« Nicole gewöhnte sich schnell daran, dass Rainer seinen Namen geändert hatte. Mit jedem Tag glichen sie sich mehr. »Bald hast du es hinter dir, dann fragt niemand mehr danach.«

Jeder einzelne Tag war eine weitere Hürde auf dem Weg. Und nicht das erste Mal fand er sich auf dem Fluss, der diesen Prozess symbolisierte. Mal gab es Stromschnellen, die das Floß mitrissen, mal war die Strömung zu schwach, dass das Floß kaum vorankam. Nicky wusste nicht, was er denken sollte. Ungeduld und Angst, sein Ziel nicht zu erreichen, belasteten ihn. Traf es auf gefährliche Strom-schnellen, wurde ihm schwindelig vor Angst, weil es schnell ging. Nicky war hin und herge-rissen zwischen der Sehnsucht, endlich anzu-kommen und der Angst vor sich überschla-genden Ereignissen, vor Felsbrocken, die den Weg versperrten. Egal, wie viel Schwierigkei-ten zu meistern waren, die Zeit war nicht auf-zuhalten. Sie glitten mit dem Strom und leite-ten das Floß durch Flauten und stürmende Wasser.

»Bald haben wir es geschafft«, rief Nicole aus. »Dann ist endlich alles vorbei. Ich freue mich wie wahnsinnig darauf.«

»Das glaube ich dir gern. Die letzten Jahre waren manches Mal eine Qual.« Nickys Herz stolperte bei dem Gedanken an die bevorste-henden Wochen, die ihr gemeinsames Schick-sal besiegeln, Rainers körperliche Existenz endgültig abzulegen und dass aus Nicky Ni-cole würde. »Dieser Fluss ist nicht aufzuhal-ten. Er wird sein Ziel erreichen. Wie das Was-ser eine Quelle seinen Weg sucht und findet und eines Tages in größere Gewässer mündet, die ihrerseits ihren Weg zum Ozean gehen. Alles Wasser geht diesen Weg.« Nicole stand mit Nicky an dem großen Fluss, der Rainers

Tränen forttrug, und sahen der Strömung nach. Sie hatten das Floß ans Ufer gezogen, die letzten Etappen hatten von Nicky alle Kraft gefordert, dass er sich erschöpft fallenließ. Mit halb geschlossenen Augen folgte er den welken Blättern, die auf den Wellen tanzten. Alle hatten ein Ziel und sie verfolgten es. Ob sie sich gegen den Strom wehrten? Oder ließen sie sich absichtlich treiben, weil sie das gleiche Ziel hatten? Wenn er an die Fahrt auf dem Floß dachte, wusste er nicht zu sagen, wie es für ihn war. Während die Strömung sie mitriss, und die Stromschnellen das wackelige Floß umzuwerfen drohten, hatten sie sich an Land geflüchtet, um aufatmen zu können. Und wenn die Strömung zu schwach für sie war, dann half Nicky mit allen Kräften, das Floß in Fahrt zu halten. Es gab Abschnitte, die sie genießen und sich treiben lassen konnten. Nichts sehnlicher wünschte sich Nicky mit jedem Tag, es möge die letzte Etappe auf seinem Weg sein. Bald konnte er das Meeresrauschen hören, das stärker wurde.

Aus Rainer war äußerlich eine Frau geworden. Der Bart war ab und die ersten Ansätze weiblicher Rundungen vervollständigten Nickys Spiegelbild, sie wurde sich ähnlicher. Die

Stimme hob sich infolge der Hormontherapie. Und mit jedem Tag stieg die Anspannung. Nach endlosem Hin und Her hatte sich die Klinik in Heidelberg bereiterklärt, die geschlechtsanpassende Operation vorzunehmen. Dem war eine Odyssee zu verschiedenen Kliniken vorausgegangen. Heidelberg wollte den Eingriff vornehmen. Es gab eine nicht minder schwierige Barriere zu überwinden, Heidelberg führte solche Operationen zwar aus, doch nur privat. Die Krankenkasse sah sich außerstande, diese Kosten vollständig zu übernehmen, sie erstattete den, der gesetzlichen Leistungen entsprechenden, Anteil. Für die zusätzlichen Kosten der Unterbringung und Versorgung auf der Privatstation sollte Nicky einen Vorschuss leisten. Bei Ankunft sollten 5000 DM bezahlt werden, und der Rest später nach der Operation, wenn die Gesamtkosten feststanden. Das war ein großes Problem! Rechtzeitig brachte Detlef mit Nicky den Betrag auf, dass der Operation nichts mehr im Wege stand. Nicky wurde unruhiger, würde es bald so weit sein. Jeden Tag konnte Nachricht von Heidelberg kommen.

Detlef war wie gefangen von der Unruhe, die Nicky ausstrahlte. »Soll ich dich nicht lieber begleiten, Nicky?« Detlef sah ihn fragend an.

»Nein, Detlef, das will ich nicht«, erwiderte er. »Aber es wäre schön, wenn du nachkommst, sobald ich es hinter mir habe.«

»Wie du willst.« Detlef war sichtlich enttäuscht, bisher hatten sie alles gemeinsam durchgestanden.

Die nächsten Tage waren hektisch, und die steigende Nervosität belastete ihr Zusammenleben. Nickys Eltern bekamen dies mit. Sie zogen sich zurück, für sie war die Situation unerträglich. Sie hatten Jahre gebraucht, um sich mit ihrem Sohn zu verständigen und zu akzeptieren, dass sie bald eine Tochter haben würden. Glauben mochten sie es nicht, doch sie bemühten sich. Einen großen Teil der finanziellen Belastung nahmen sie auf ihre Schultern. Sie liebten ihr Kind, und sie zeigten es auf ihre Weise. Nicky war unendlich froh, dass seine Eltern ihn auf diesem Weg unterstützt hatten, so sehr es ihnen schwer gewesen war, ihre Vorstellungen von seiner Zukunft zurückzustellen. Und war es so weit. Heidelberg hatte angerufen. Nicky sollte sich Ende April einfinden. Betriebsame Hektik brach aus, vieles war noch zu ordnen und zu regeln.

»Es ist ein unbeschreibliches Gefühl, alles endlich hinter mir zu haben.« Nicoles Stimme erfüllte die Nacht. »Endlich werden wir zusammenfinden, endlich wird mein Geist und meine Seele eine Heimat finden.«

»Das ist wahr«, erwiderte Nicky. »Rainers Opfer ist groß. Er gibt sich hin.«

Ihr Floß fuhr durch das weite Delta. Sie konnten den salzigen Geschmack auf der Haut spüren, die ersten Möwen begleiteten sie. Ihr Geschrei erfüllte den azurnen Himmel. Die Luft war klar, strömte in die Lungen und legte sich wie Balsam auf die zerschundenen Hände, die das Floß durch alle Wasser gelenkt hatten. Mit jeder Sekunde vermischten sich die salzigen Fluten der Freude mit den ungezählten Tränen eines Menschen, der seinen Weg gesucht und sein Schicksal in die Hand genommen hatte.

Aus dem verschlossenen, unglücklichen Rainer ein zuversichtlicher Nicky geworden, der fortan im Körper einer Frau das Leben viel intensiver erlebte. Die vergangenen siebenundzwanzig Jahre waren für Rainer kaum zu ertragen gewesen, weil Nicole existiert hatte. Nicky hatte es sich auch nicht leicht gemacht. Und es war keine Entscheidung zwischen Tür und Angel gewesen, diese Reise anzutreten. Nichts würde mehr sein, wie es bisher gewesen war. Das war der einzige Weg, den er gehen konnte. In seinem Innersten hatte er sich all die Jahre nichts sehnlicher gewünscht, als endlich auf die Reise gehen zu können. Auf eine Reise, von der es für Nicky keine Wiederkehr geben konnte. Eine Reise, die für Rainer die letzte und für Nicole ein neuer Anfang wurde.

Alle wichtigen Dinge hatte er in den letzten Wochen und Monaten erledigt, dass die Anspannung, die ihn zum Bahnhof begleitete, der Vorfreude auf Heidelberg wich. Er wusste, dass auf ihn ein Zimmer und der Professor der Klinik warteten, dass es jetzt sein musste, dass dieser Zeitpunkt der einzig richtige war.

Seine Eltern, denen all das in den letzten Jahren zu schaffen gemacht hatte, standen mit Detlef auf dem Bahnsteig. Nicky sah bedrückt zu ihnen auf den Bahnsteig hinunter. Sie schienen gebeugt inmitten des Treibens zu stehen. Ob sie es begriffen? Ihnen war all die Zeit seine Entwicklung entgangen. Nicht, dass es sie nicht interessiert hätte, es schien, dass sie die Augen davor verschlossen hatten. Aus diesem Schutz heraus sahen sie ihm mit leeren Blicken nach, ihre quollen Augen über vor Trauer, Angst, Unsicherheit und Zweifel. Sie hatten seine Kindheit mit der Liebe begleitet, zu der sie fähig waren. Nicky liebte seine Eltern. Um mehr schmerzte es ihn, ihnen mit seinem Weg das zu nehmen, wofür sie all die Jahre gekämpft, verzichtet und gearbeitet hatten: ihren einzigen Sohn. Das war ein Eingriff in ihr gleichförmiges Leben, den sie nicht fassen konnten. Er hatte ihnen erklärt, dass er keine andere Wahl hätte. Und nun schien es, als ob sie nicht verstünden, was um sie herum passierte. Eine lähmende, beklemmende Stille lastete auf der geschäftigen Hektik des Geschehens um sie herum.

Detlef wirkte nicht mehr so sicher und stark wie zuvor. All die Jahre, die sie sich kannten, würden gleich im morgendlichen Nebel verschwinden. Was würde aus ihrer Freundschaft werden, die in all der Zeit tief und herzlich geworden war? Würden sie sich anschließend noch verstehen können? Nicky empfand diese Stimmung nicht mit Trauer; sein Herz war erfüllt mit Freude, er sah geradeaus. Er wusste, dass er ihnen diese Trauer nicht ersparen konnte, um seinetwillen, um Nicoles willen. Er war mit seinen Gedanken viel weiter weg, dass er das alles nicht mehr richtig wahrnahm.

Eine Stimme aus dem Lautsprecher kündigte die Abfahrt des Zuges an. Es schien, als ob der Pfiff des Schaffners die gespenstisch anmutende Stille zwischen den vier Menschen sprengte. Bewegung kam in ihre Gesichter. Die Vibrationen des anfahrenden Zugs übertrugen sich. Hände reckten sich zu Nicky hinauf, ein letzter tränenvoller Blick seiner Eltern traf ihn wie ein Blitz. Ob sie es verstehen können?, dachte er bei sich. Dann lösten sich ihre Hände. Ein letzter Gedanke an die Menschen, die auf dem Bahnsteig zurückblieben, und der Zug setzte sich endgültig in Bewegung.

Nicky sah nicht zurück. Er machte es sich für die Fahrt in sein neues Leben bequem. Bewusst, dass diese Fahrt alles änderte. Für ihn zählte, was vor ihm lag. Er empfand es als wohltuend, allein in diesem Abteil zu sein. Er konnte ungestört den Gedanken nachhängen.

»In mir schwirrt ein Sammelsurium an Gedanken. Einesteils habe ich Sorge um meine Eltern und um Detlef. Ich bin aufgeregt und ängstlich zugleich.«

»Wovor hast du Angst? Du wolltest es nicht anders. Du hast mich.«

»Das ist richtig«, stimmte Nicky zu. »Obwohl es anderes ist, wenn ich Detlef bei mir hätte.«

»Hast du keine Angst vor dem, was dich in Heidelberg erwartet?«

»Nein, überhaupt nicht. Das ist das, wofür ich all die Jahre gekämpft habe. Ich hoffe, dass alles gut geht, damit es nicht umsonst war.«

Die letzten Jahre hatte es viele Steine in seinem Weg gegeben. Er hatte sich nicht entmutigen lassen und war zielstrebig seinen Weg gegangen, dem er sich nicht entziehen konnte. Und wenn Nicole nicht gewesen wäre, hätte sein Weg anders ausgesehen. Jetzt, wo sie beide auf ihr Ziel zu fuhren, gab es kein Halten mehr. Nicky betrachtete die Landschaften am Fenster, sie wechselten ihr Gesicht hinter jeder Kurve, hinter jeder Stadt. Sekunden wurden zu Minuten, die Zeit schien stehenzubleiben. »Wir haben es bald geschafft«, hörte er Nicole sagen. »Du wirst sehen, dann ist das Jetzt Geschichte.«

»Ich weiß es nicht, habe ich das Gefühl, diese Zeit ist nicht real. Ich kann nicht glauben, dass es tatsächlich bald vorbei sein soll.«

»Nichts wird vorbei sein. Deine Geschichte bekommt ein neues Kapitel. Du wirst sehen, es ändert sich nicht viel – und doch alles«, fügte Nicole hinzu. »Denke an den Garten, von dem ich dir erzählt habe. Es ist derselbe Garten, das Gesicht ändert sich. Du wirst dich nicht ändern, die Sicht, mit der du deinen Garten betrachtest, wird eine andere sein.«

Nicky sah sich auf dem Floß sitzen. Die Landschaft dehnte sich bis zum Horizont hin aus. Und mit jedem Meter, den die Strömung ihn mitriss, wurde sein Paddelschlag schneller und kraftvoller. Trotz der Strapazen dieser Reise, der Hindernisse und Flauten, der Stromschnellen und Felsen, die seinen Weg beeinflusst hatten, die Sehnsucht trieb ihn voran. Und bald kam die letzte Biegung und vor ihm breitete sich der schönste Sonnenuntergang aus. Die letzten Strahlen einer versinkenden Sonne ließen den weißen Sand des Strandes golden schimmern und Hunderte Möwen begrüßten ihn wie einen der ihren. Mit letzter Anstrengung zog er das Floß an Land und ließ sich von der Freiheit gefangen nehmen, die dieses Land ausstrahlte. Mit einem unendlich glücklichen Gefühl, sein Ziel erreicht zu haben, ließ er sich erschöpft niedersinken. Die letzten Strahlen der blutroten Sonne berührten zärtlich seine Haut. Müde schloss Nicky die Augen und sog den herrlich salzigen Duft der warmen Brise ein. Dies entschädigte ihn für all die Trauer und Verzweiflung seines Lebens, das nunmehr in den Hafen der Sehnsucht einfuhr.

»Heidelberg Hauptbahnhof. Endstation, bitte alles aussteigen. Heidelberg Hauptbahnhof.« Endlich!!!

Die Brücke

In Heidelberg wartete eine böse Überraschung. Die Klinik teilte Nicky mit, dass doch kein Bett frei sei, er könne jedoch Quartier in einem Hotel beziehen. Damit hatte er nicht gerechnet! Doch er blieb hart und bestand auf Aufnahme. Die Klinik war nun gezwungen, ihn doch aufzunehmen. Was sollte das nur? Was bezwecken die damit?

»Das weiß ich auch nicht.« Nicole schien auch nur mäßig zufrieden. »Aber vielleicht ist das nichts weiter als eine Schikane, die sie eingebaut haben.«

Nichts würde Nicky davon abhalten, seinen Weg zu gehen. Wozu hätte er denn dann all die letzten Jahre gelebt, wenn nicht genau dafür! Diese Verzögerungstaktik war für ihn nur eine Aufschiebung, da auch der Termin für die Operation noch nicht ganz feststand. Zuvor waren noch die üblichen Untersuchungen angesetzt, die seinen ganzen Tag beanspruchten, so kam er kaum noch zum Nachdenken. Aber was gab es jetzt auch noch? Und dann war es endlich so weit. Am nächsten Morgen wurde endlich wahr, worauf Rainer und Nicole sich die ganze Zeit vorbereitet hatten.

Nicky erwachte sehr früh, machte sich fertig und wartete ungeduldig darauf, dass er abgeholt würde. Er hatte überhaupt keine Angst und noch weniger Bedenken, obwohl es keine Blinddarmoperation war. Vieles konnte schief gehen, vieles konnte passieren. Er freute sich darauf, war es doch das Wichtigste, das sein Leben geprägt und begleitet hat. Nun endlich sollte der Irrtum der Natur korrigiert werden. Nun endlich würde Nicoles Traum wahr werden, der Traum von einem Leben mit einem Körper, der zu ihren durchweg weiblichen Gefühlen passte.

»Nichts mehr wird so sein, wie es jetzt noch ist, ehe dieser Tag zu Ende geht«, mahnte Nicole. »Und doch wird vieles so bleiben, wie es immer gewesen ist. Dein Leben findet heute sein Ende. Doch dem Tod des Jungen, dessen Namen Rainer war, folgt mein Leben als Frau, der du den Namen Nicole gegeben hast. Dein Leben, dein Lebensgarten, erhält einen neuen Gärtner. Der Teil des Gartens, den du gegangen bist, und die Wege, die wir gemeinsam gegangen sind, werden bleiben. Ebenso wird alles fortbestehen, das diesen Garten ausmacht: die Mauer, das Immergrün wie auch die Wurzeln deiner Bäume und Sträucher. Von nun an werde ich deine Wege beschreiten, sie werden nicht viel anders sein, als die bisher erforschten. Doch werde ich alles aus einer anderen, neuen Sicht betrachten, und doch wird es auch die alte Weise sein.

Vieles wird mich weiterhin begleiten, anderes wird neu sein. Nun erfüllst du deine Lebensaufgabe: Du schenkst mir deinen Körper und damit dein Leben, die Gegenwart, die Vergangenheit und erst recht die Zukunft.«

Es war ein sonnendurchfluteter Morgen, als Nicky nach einer ruhigen Nacht vorsichtig die Augen öffnete. Dieser Tag, dieses Datum würde ungleich mehr Bedeutung bekommen, als jeder andere Tag, der schon vergangen war oder noch kommen würde. Er hatte sein Ziel, das Ende seines Weges, erreicht. Dieser Tag war der wichtigste in seinem Leben, heute sollte Nicole wahrhaftig werden. Unruhe, Angst, Freude und Neugier trieben ihn aus dem Bett. Er wusch sich gründlich, was fast einer letzten Ölung gleichkam, und zog unbeeindruckt das hinten offene Hemdchen an, das jemand auf seinem Bett zurückgelassen hatte, als plötzlich der Narkosearzt ins Zimmer trat. Noch einmal erklärte ihm dieser, was er schon längst wusste.

»Haben Sie noch Fragen?« Der Arzt schaute ihn freundlich an. »Gut. Wir sehen uns dann unten. Viel Glück für Ihre Zukunft.«

Dann war Nicky wieder allein. Bald würde sich diese Tür für ihn unwiderruflich ein letztes Mal öffnen. Er spürte eine intensive, lähmende Müdigkeit und schloss die Augen. Plötzlich hatte er das Bild vor sich, von dem er schon als Kind so manches Mal geträumt hatte. Er sah sich am Fuß einer großen Brücke stehen, die in dichten Nebel gehüllt war, und vermochte er nicht zu erkennen, wo sie denn hinführen würde. Geheimnisvoll umspann der Nebel die Konturen, denen er nur wenige Meter folgen konnte. Sie sah beängstigend aus, und doch fühlte er sich von ihr magisch angezogen. In den Träumen seiner Kindheit war es ihm nie gelungen, sie zu überwinden. Nicht einmal den Scheitelpunkt hatte er jemals erreicht. »Ob ich nun vielleicht erkenne, was dahinter kommt?«

»Diese Brücke ist der letzte Weg, den du gehen musst und wirst«, hörte er Nicole plötzlich sagen, wie immer lagen ihre Hände auf den Schultern. »Was danach kommt, ist ein anderes Leben. Wenn dieser Tag zu Ende ist, wird sich unser Schicksal erfüllen.«

»Es ist fast wie Sterben, ebenso endgültig, dramatisch und einschneidend; nur, dass man im Allgemeinen seinen eigenen Todestag nicht kennt.« Bei diesen Gedanken huschte ein Lächeln über sein Gesicht.

»Es ist, wie neugeboren werden.« Nicole spürte die Anspannung, die Nicky angesichts dieser Tatsache erfasste. Ihre Hände suchten ihn zu beruhigen. »Mit jedem Schritt, den du diese Brücke überwindest, mit jeder Sekunde, die dieser Tag voranschreitet, werde ich ein weiteres Stück deines Lebens erhalten. Und schließlich, wenn du die Brücke überquert haben wirst, wird von Rainer nicht viel mehr als Erinnerung übrig bleiben. Denn nur die ist unvergänglich.«

Gerade als Nicole die letzten Worte gesprochen hatte, bemerkte Nicky, wie er mit seinem Bett durch die Gänge geschoben wurde. Nun wurde endlich wahr, wovon er die ganze Zeit nur hatte träumen dürfen. Jetzt bekam Nicole sein Gesicht, einen weiblichen Körper und eine eigene, richtige Identität. Nun würde der Konstruktionsfehler der Natur behoben, damit die Seele eine Heimat bekam. Nicoles Odyssee im falschen Körper, die Suche nach ihrer Identität, die unendlichen Qualen der

Selbstfindung, das lange Warten hatte sich gelohnt. Rainer bezahlte den Preis, den Lohn strich Nicole ein. Doch genauso war es gedacht! Und irgendwie freute sich Rainer, endlich von der Last befreit zu werden, die sein Leben für ihn stets bedeutet hat. Und Nicole fieberte dem Augenblick entgegen, endlich Frau in einem eigenen Körper zu sein. Vorbei war ihre qualvolle Zeit in einem Körper, der ihr nicht gehören wollte. Die vielen Jahre der Enttäuschung, die lange Zeit des Kampfes, der aussichtslose Versuch, ihr Leben doch so zu beenden, wie es begonnen hatte. All dies sollte jetzt der Vergangenheit angehören. Wenn sie es gekonnt hätte, wollte sie Purzelbäume der Freude schlagen. Doch musste sie sich gedulden. Sie empfand sich als unschuldig Gefangene, die ihrer rechtmäßigen Entlassung aus der Haft entgegensieht. Und wenn sie es recht betrachtete, waren die letzten siebenundzwanzig Jahre für sie tatsächlich endlose Jahre der Gefangenschaft gewesen. Sie fühlte sich begnadigt. So ähnlich muss jemand empfinden, dessen lebenslange Freiheitsstrafe aufgehoben wird. Nicole erlebte jeden Augenblick mit steigender Wachsamkeit. Sie beobachtete jeden Handgriff, gespannt und neugierig. Alles in ihr wartete auf den Augenblick, in dem Rainer für immer die Augen schloss. Wie ein Sterbender, der gefasst seinem Ende entgegensieht, lag er in dem Bett und sein Blick hing starr an der Decke, deren Lampen ihn blendeten. Wie Nicole erwartete er die letzten Momente seines Daseins. Matt, fast unbeteiligt, rollte sein Körper über die Barriere, die zum Operationstrakt führte. Müde, unendlich müde war er. Wenn es doch endlich so weit war, dann konnte er sich ausschlafen!!! Nichts Anderes erfüllte seine Gedanken, sein Herz. All die Jahre hatte er darauf hingearbeitet. Er wusste, dass er Nicole seinen Körper nicht verwehren konnte. Und er wollte es auch gar nicht. Wie von fern beobachtete er die routinierten Handgriffe des Teams. Und plötzlich hörte er die Stimme des Narkosearztes: »Nun dauert es nicht mehr lang. Bald haben Sie es hinter sich. Möchten Sie noch etwas fragen?«

Nicky hatte schon Mühe mit dem Sprechen, so legte er sich wortlos nieder und schloss erleichtert die Augen. Mit einem Lächeln auf den Lippen glitt er in die tiefe Narkose.

Er streifte durch die vertraute Welt zielstrebig auf die Brücke zu, die sein Weg in die

Freiheit war. Er war völlig auf sich allein gestellt, doch sicheren Schrittes folgte er den unsichtbaren Wegweisern. Sein Blick glitt über die Beete, auf denen er in seiner Jugend gespielt und gelebt hatte. Er sah die dunklen Schatten, die der Umgebung was Unheimliches gaben. Er sah leuchtende Tupfen, von der Sonne verwöhnte Erinnerungen und Wünsche. Er entdeckte die Sehnsucht, die ihn immer weiter vorwärtsgetrieben hatte. Nicky kam an jenen Wegen vorbei, die er mit Nicole, den unsichtbaren Händen, gegangen war. Und er erinnerte sich der hohen Mauer, die ihre Welt voneinander trennte. Mit dem Wissen, alles für sich richtig gemacht und den Sinn seines Lebens erfüllt zu haben, trat er geradewegs an den Fuß der Brücke seiner Träume, die in dichten Nebel gehüllt war. Er setzte sich auf einen nahen Felsblock und schaute sich um. Tränen der Wehmut, Trauer, Freude und Sehnsucht verwehrten den Blick. Sein Herz pochte wild in seiner Brust. Und die Gedanken, eben noch fest entschlossen und sicher, schwirrten rastlos umher. Er sah auf sein Leben hinab, dass von ihm alles abverlangt hatte, und nun würde dieses Leben ein ungeahntes Ende und gleichzeitig einen neuen Anfang finden. Er sah sein Leben, dass nur ein Ziel gekannt hatte: es zu beenden. Doch jetzt, wo es so weit war, wo sich sein Leben erfüllte, zögerte er, den letzten Schritt zu wagen. Denn er wusste sehr wohl, dass er dann keine andere Wahl mehr hatte. Er fühlte sich müde und ausgelaugt, unfähig zu gehen. Unsicher schaute er die Brücke hinauf, sie machte ihm Angst, denn er konnte ihr nicht folgen. Plötzlich erhob er sich langsam und bedächtig. Sein Blick ruhte auf der Landschaft. Während er die ersten Schritte ging, zogen sich dunkle Wolken über ihm zusammen und es begann plötzlich, heftig zu regnen. Mit jedem Schritt schien der Regen kräftiger zu werden, nur auf der Brücke blieb es trocken. Der Nebel hüllte ihn ein, so dass er kaum noch etwas erkannte. Und irgendwie war es ihm sogar recht, denn nun eröffnete sich ihm der Blick auf die Brücke, die sich mit jedem Schritt deutlicher von der Umgebung abhob. Steil und schier unüberwindlich tauchte sie vor ihm auf. Unsicheren Schrittes folgte er dem Verlauf der Brücke, hielt sich krampfhaft am Geländer fest. Sein Blick richtete sich voraus, und mit jedem Augenblick drängte es ihn, immer schneller zu laufen. Mit gleichbleibendem

Tempo erstieg er die Anhöhe. Dort blieb er einen Augenblick verdutzt stehen. Denn was er nun sah, verwirrte ihn noch mehr. Er sah sich wieder jenem Spiegel gegenüber, dem er schon Jahre zuvor begegnet war. Nur diesmal war es ein ganz anderes Gefühl, das von ihm Besitz ergriff. Es war ein Spiegel und doch gab es kein Spiegelbild. Sie wirkte eher wie eine Membran zwischen den Welten. Er wusste, dass nur ein Teil von ihm dadurch konnte. Zurückbleiben würde alles, was ihn ausmachte. Doch was würde den Weg hindurchfinden? Und was machte der Rest, der nicht hindurchging? Was sollte er nun tun? Was passierte mit ihm, wenn er wie beim letzten Mal versuchte hindurchzugehen? Fragen, die keine Antwort kannten. Du wirst wieder hindurch müssen, egal, was passiert, dachte er bei sich.

Zögernd trat er darauf zu, nahm allen Mut zusammen und steckte die erste Hand hindurch. Ein eigenartiges Gefühl der Zerrissenheit und Wahrhaftigkeit ließ die zweite Hand der ersten folgen. Neugierig betrachtete er die Arme, die ihre Hände verloren glaubten. Doch er konnte sie spüren. Nun verstärkte sich das Gefühl, das er eigentlich nicht beschreiben konnte. Irgendwie gab es die Hände nicht mehr, und doch gab es sie. Kein Blick zurück, kein Gedanke an die zurückgelegte Zeit, keine Wehmut darüber, nun sterben zu müssen. Einzig die Sehnsucht, seinem ungeliebten Leben, seinem verhassten Körper und seiner unfreiwilligen Männlichkeit zu entfliehen, war die Triebfeder seines Handelns. Die Hoffnung und der Glaube an eine lebbare Zukunft, die Vision einer schöneren Welt, die darauf wartete, von ihm erfahren zu werden, ließ seine Füße den letzten und alles entscheidenden Schritt tun ... Und plötzlich war Nicole durch den Spiegel hindurch. Sie betrachtete ihre Hände, ihre Füße. Ihr Körper schien unendlich leicht und weich. Zögernd strichen ihre Hände über die Arme, über das Gesicht, über ihren Körper hinweg. Alles war an seinem Platz, alles war gut. Freude und Neugier breiteten sich aus. Fragend hob sie den Blick und sah sich um. Vor ihren Augen breitete sich eine Landschaft aus, die schöner nicht sein konnte. Alles war neu und doch bekannt, eine Welt, die auf sie wartete. Von der Brücke aus hatte sie einen herrlichen Blick, ähnlich dem von der Mauer aus. Behutsam setzte sie einen Fuß vor den anderen. So hatte sie es sich immer vorgestellt, wenn sie auf Rainers Schultern durch den Garten gewandert war. Ach ja, Rainer! Ich danke dir, dass du mich hierher gebracht hast. Lebewohl, dachte sie, und eine Träne bahnte sich ihren Weg über ihre Wangen. Sie blickte über ihre Schultern hinweg den Weg zurück, den sie gekommen war. Der Spiegel zeigte klar und deutlich ein weibliches Gesicht, nichts Anderes hatte sie erwartet, und doch erschrak sie leicht. Es war ein ungewohnter Anblick, der ihr aber die Freudentränen in die Augen trieb. So hat es immer sein sollen. Endlich habe ich mich selbst gefunden.

In ihrer Freude bemerkte sie zuerst nicht, dass im Spiegel neben ihrem Antlitz auch das Gesicht Rainers zu erkennen war. Doch plötzlich erkannte sie ihn.

»Lebst du noch, Rainer?«, fragte sie erstaunt.

»Aber sicher, du hast schließlich die Erinnerung mitgenommen.« Er schaute Nicole ernst an. »Du selbst hast doch gesagt, dass die Erinnerung bleiben wird.«

Damit verschwand sein Gesicht wieder. Das hatte Nicole natürlich gewusst, doch nun war es ihr gar nicht mehr recht. Nun gut, sie vertraute darauf, mit dieser unerwarteten Wendung leben zu können. Dann wand sie sich um und lief die Brücke hinunter. Unten angelangt ließ sich atemlos mitten auf den Weg fallen, der in die Weite führte. Jetzt erst wurde ihr bewusst, dass sie es war. Sie selbst berührte den Sand, die feinen Kiesel, sie selbst sah die Welt aus ihren Augen, ihre Füße standen selbst auf dem Boden. Mit wackeligen Knien antworteten ihre Beine auf die ungewohnte Last, die sie fortan tragen sollten. Sie ließ sich erschrocken auf einem Felsen nieder. Diese Erkenntnis überwältigte sie, forderte sie heraus. Wie gern wollte sie augenblicklich auf die lange Reise in die Zukunft gehen, doch noch zögerte sie. Werde ich es meistern? Was wird mich wohl alles erwarten? Eine ungeahnte Angst erfüllte ihr Herz, das zugleich vor Freude fast zerspringen wollte. Und dann schrie sie laut und vernehmlich ihre Gefühle hinaus, das Echo kehrte tausendfach zu ihr zurück. Sie hatte endlich eine Stimme! Einen Körper, der die Welt in sich aufnehmen, tasten, sehen, hören, schmecken und riechen konnte. Und in ihrem Kopf formulierten sich Fragen und Antworten. Sie fühlte sich großartig, leicht und unbeschwert, gegenwärtig. Sie war wirklich da! Es gab sie wirklich! Und niemand konnte ihr das mehr nehmen! Ein letztes Mal blickte sie sich um. Die Brücke war verschwunden, und mit ihr der Weg zurück. Hinter ihr zog sich dichter, grauer Nebel zusammen, erstarb die Welt, der sie entflohen war. Eine Welt, die niemals ihre gewesen, in der sie sich nie zuhause gefühlt hatte. Einzig die Erinnerung daran nahm sie mit. Neugierig und doch auch zögernd ließ sie den Blick vorausschweifen. So sah also ihr Leben jetzt aus. Ein tiefer Seufzer entfuhr ihren Lungen, befreit und glücklich ließ sie die Welt auf sich wirken. Wenn sie ehrlich war, war es gar nicht neu, was ihre Augen wahrnahmen. So hatte es in ihrer Vorstellung ausgesehen. Und sie war glücklich, dass es so war.

Auch hier gab es Wege, die ins Weite führten, auch hier gab es Pflanzen, Tiere und eine Sonne, die mit ihren warmen Strahlen alles belebte. Kein Wölkchen trübte den Blick, kein Nebel verschleierte die Wege. Klar und deutlich erkannte sie, was sie erwartete. Sie sah den Weg, der gerade vor ihr begann und in die Zukunft führte und viele Geheimnisse und Abenteuer verhieß. Zuversichtlich und voll Hoffnung, blickte sie auf die Welt, die nun ihr gehören sollte. Sie vertraute darauf, dass es nur besser werden konnte. Denn die unbefrie-

digten, unglücklich unterbundenen Bedürfnisse ihrer Seele lechzten geradezu nach Freiheit und Glück. Zufrieden, den wichtigsten
Schritt ihres Lebens getan zu haben, folgte sie
dem Weg in dieses neue Leben.

Verbrannte Erde

Weithin waren Nicoles Schritte zu hören, als sie zuerst zögerlich dem Weg folgte. Überall zeigten sich erste Knospen exotischer, unbekannter Pflanzen und weite Felder mannigfaltigster Früchte und Farben. Eine Allee kraftstrotzender, dicht belaubter Bäume säumte ihren Weg. Und darüber breitete sich ein klarer azurner Himmel aus. Die Luft war rein wie nach einem warmen, frühsommerlichen Regen, und süßer Leben spendender Duft füllte ihre Lungen. Und ein leiser Wind streichelte ihre Haut. Sie fühlte sich getragen, frei und gebunden. Sie genoss diese Freiheit, endlich wahrhaft zu leben und sie zu sein.

Überschwängliche Vorfreude auf die kommenden Wege bewegte ihr Herz, das aufgeregt gegen ihre Rippen schlug. Was sie erwartete? Ob ihre Vorstellungen von einem Leben als Frau Wirklichkeit wurden? War dies tatsächlich das Land, das sie all die Jahre gesucht hatte? Sie genoss den Anblick ihrer eigenen – erstmals sichtbaren – Spuren ihres wirklichen Seins. Neugierig folgte sie dem Weg, der in noch unbekannte Weiten eines schier unendlichen Gartens führte. Sie fühlte sich leicht und zugleich unschuldig wie ein Kind und wissbegierig und erfüllt von Sehnsucht, alles zu verinnerlichen. Zuversichtlich strahlten ihre Augen; sie sogen diesen Anblick in sich auf wie ein trockener Schwamm und die Strapazen ihres lang ersehnten und plötzlichen Übertritts in diese Welt sowie ihre ungewohnte körperliche Existenz waren vergessen. Lebe im Hier und Jetzt, riet sie sich. Alles andere ist Vergangenheit, egal, was morgen ist.

Bald spürte sie eine bleierne Müdigkeit; die ungewohnte Anstrengung hatte sie außer Atem gebracht. Da entdeckte sie eine Bank, auf der sie einen Moment ausruhen wollte. Sie betrachtete mit großen Augen die Welt, die noch viel schöner zu war, als sie zu hoffen gewagt hatte. Stumm vor Erstaunen und mit Neugier betrachtete sie alles. Der Garten erwachte mit jedem Augenblick wie aus tiefem Schlaf – dem Zeichen ihrer geistigen Existenz. Sie hatte es sich in ihren Träumen vorgestellt und freute sie sich, es zu erfahren. Sie war endlich heimgekehrt!

Nicole suchte den Weg zu einer Anhöhe hinauf, von der sie einen ersten Überblick haben konnte. Und wenig später schaute auf die Landschaft hinab, die und abenteuerlich und hoffnungsvoll war. Wie lange hatte sie darauf gewartet! Sie entdeckte die unendlich mächtige Mauer, die ihr vertraut war wie der Weg, der zum Spiegel führte. Sie fand den Fluss, der ihr Floß getragen hatte, und der Wasserfall, der mit unbeschreiblicher Kraft die Fluten in die Tiefe riss. Da erblickte sie einen riesigen Greifvogel, der hoch über ihr am Firmament, von warmen Winden emporgetragen, lautlos und kraftvoll seine Runden drehte. Sie teilte sein Gefühl, zu schweben. Vor ihr lag das abenteuerlich schöne Antlitz ihrer Zukunft, die mit jedem Moment wahrhaftiger wurde. Hinter dichten Nebelschwaden erkannte sie schwach sie die Brücke, die ihr Dasein erst möglich gemacht hatte. Und liefen ihr heiße Tränen die Wangen hinab. Was er machte? Wo war Rainer? Würde sie es erfahren? Endlich hatte sie das beklemmende Korsett der Gefangenschaft gesprengt – die Isolation ihrer weiblichen Seele in einem fremden männlichen Körper. Sie wollte nicht mehr daran denken, dass er existiert hatte. Mit keinem weiteren Gedanken an ihre Vergangenheit wollte sie ihrem Weg folgen.

Schnellen Schrittes verließ sie die Anhöhe. Es gab Vieles zu sehen und zu erfahren, von dem sie keine Ahnung hatte. Es galt, viel Neues zu entdecken, das ihrem Bewusstsein bisher verborgen geblieben war. Und ebenso viel Bekanntes, das in neuem Licht erschien, weil sie es spüren und erleben konnte. Was war das ein schönes Gefühl! Sie hatte es sich in ihren kühnsten Träumen nicht erdacht! Sie lief drauflos, folgte dem Weg, der sich vor ihr öffnete. Und mit jedem Schritt, mit jedem Atemzug, mit jedem Blick auf die sie um gebende Welt fand sich das Leben in ihrem Körper ein. Sie meinte, erst Augenblicke gelaufen zu sein. Atemlos ließ sie sich auf eine nahe Wiese fallen. Und mit einem Mal spürte Nicole sich. Sie ließ sich auf den Bauch gleiten und auf den Rücken, immer wieder, bis ihr schwindelte. Sie schloss für einen Moment die Augen und sog den frischen Atem des erwachenden Morgens ein, hungrig nach Leben, dürstend nach den Abenteuern, von denen sie bislang hatte träumen müssen. Sie begab sich auf die Reise in die Welt, die ihre eigene und zugleich fremd war, dass sie jeden Stein, jede Pflanze am Wegrand mit kindlicher Neugier betrachtete. Sie lief mit Hunderten bunter Schmetterlinge um die Wette und genoss den Anblick der sie umgebenden Natur. Wie lange hatte sie davon träumen können! Jetzt wurde alles wahr, und niemand konnte ihr das nehmen. All die Jahre hatte sie auf diesen einen Augenblick gewartet. Und konnte sie es erwarten, all die Abenteuer zu erleben, die sie hatte erdenken können. Es schien das Paradies zu sein! Die Welt, die sie gesucht hatte, das Ziel, das sie aus den Augen verloren hatte, solange sie in seiner Haut hatte überdauern können. Sie fühlte sich unbeschwert wie ein Kind; hungrig nach Leben, dass sie mit ihrem Herzen Schritt halten konnte.

Ihre Augen wanderten ziellos und suchend umher, begierig alles in sich auf nehmend, das sie im ersten Licht des Tages erfassen konnte. Kein Wölkchen trübte die junge Welt, die ihr zu Füßen lag. Sie hockte sich nieder und griff in die Erde, die fest und feucht in ihren Händen lag. Nichts erinnerte an die trockene Krume, die durch seine Hände gerieselt war. Sie erhob sich befriedigt und lief auf ein kleines Rinnsal zu, das sich durchs Gras schlängelte. Das Wasser kühlte ihre aufgeheizte Haut und tränkte ihre ausgetrocknete Seele. Sie fühlte sich großartig, und obschon das leise Wispern des hellgrünen Laubs und das wirre Zwitschern abertausender unsichtbarer und ebenso existenter Vögel sie begleiteten, hatte sie sich gut gefühlt. Die ersten Sonnenstrahlen ließen den Tau auf den Gräsern glitzern, dass es sie blendete. Eine wohlige Wärme durchströmte sie, ließ alle Nacht von ihr fallen. Nicole fand die Kraft, ihre unendlich lang herbeigesehnte Reise zu beginnen fortzusetzen. Es sollte eine Reise zu ihr werden, die Rainers Ende besiegelte. Zuvor hatte sie diesen Garten mit jenen Augen betrachten können, und war es für sie spannend, dass sie in die Wirklichkeit zu rückkehren wollte.

Nicole wurde vom hektischen Geschehen auf dem Gang geweckt. Erfolglos wehrte sie sich gegen das Erwachen; der Traum war viel zu schön, um ihn freizugeben! Im ersten Licht des Tages sah sie eine Schwester an ihr Bett treten, eine Schale in der Hand.

»Guten Morgen, Nicole. Ich hoffe, Sie haben gut geschlafen. Damit ist jetzt Schluss. Sie müssen die Wunde spülen. Alle zwei Stunden, während der Nacht.«

Nicole nickte verschlafen. Viel zu war sie noch damit beschäftigt, ihre Glieder zu recken und in die Wirklichkeit zu kommen.

»Ich lasse Ihnen einen Wecker hier, damit Sie die Zeit nicht vergessen. Wenn Sie nicht zurechtkommen, dann rufen Sie bitte. Gleich gibt es Frühstück. Möchten Sie ein Ei, Nicole?«

»Oh, das wäre nett. Ich habe Hunger für zwei. Ich habe seit vor gestern nichts bekommen«, antwortete sie und ließ sich in die Kissen fallen und schaute zum Fenster hinaus.

Es war ein herrlicher Morgen. Sie hörte ein paar Vögel zwitschern und sah die jungen, hellgrünen Blätter der Bäume im Wind zittern. Ihre Hände glitten über die Decke ... dorthin, wo noch vor Tagesfrist eine deutliche Spur ihrer männlichen Vergangenheit gewesen war. Endlich, entfuhr es ihr, endlich ist es, wie es sein muss! Für kein Geld der Welt hätte sie diese Operation unterlassen, war sie der wichtigste Meilenstein auf ihrem Weg ins Leben gewesen. Sie war froh, diesen Eingriff hinter sich zu haben, der aus Rainers Körper einen weiblichen geformt hatte. Sie war unendlich froh, dass ihre Zeit in einer männlichen Hülle Vergangenheit war. Sie war Frau. Die Operation hatte ihrer Seele endlich einen Körper gegeben. Nach dem Frühstück verließ sie das Bett für ein paar Augenblicke, damit der Kreislauf in Schwung kam. Noch unsicher wagte sie ein paar Schritte auf den Gang hinaus. Das war keine gute Idee gewesen, ihr wurde schwindelig. Sie begab sich in ihr Zimmer und legte sich erschöpft auf das frisch bezogene Bett. Sie nahm sich vor, es später noch zu versuchen, es drängte sie hinaus. Hinaus aus diesem Krankenhaus, hinaus ins Leben, in die Zukunft. Sie hatte noch einen Grund. Sie lag auf der Privatstation, was Unsummen am Tag verschlang. Die Klinik hatte keine Möglichkeit gesehen, sie auf der Normalstation unterzubringen, da die Kasse bisher nicht bereit war, die Kosten für den Eingriff und den Aufenthalt zu übernehmen. Jeder Tag länger würde das finanzielle Chaos vergrößern. Die Krankenkasse erstattete später einen Teil. Ihr blieb nichts übrig, als schnell wie der auf die Beine zu kommen.

Wenn es noch viel mehr gekostet hätte, Nicole hätte alles ertragen, damit ihre Odyssee in Rainers Körper endlich ein Ende fand. Sie war Rainer dankbar, dass er das begriffen hatte. Die letzten Jahre waren schwer gewesen, sie glaubte daran, dass es jetzt für beide richtig war. Der Körper Rainer hatte sich seiner Seele gebeugt. Welcher Preis ist zu hoch für eine Seele, die heimatlos in einem Körper herumirrt, der nicht ihr gehören konnte? Die

Seele ließ sich nicht operieren! Nicole schlummerte vor sich hin, sie war noch müde. Ihre Hände glitten über die Decke, um sich zu vergewissern, dass es vorbei war. Und auf ihrem Gesicht zeigte sich ein Lächeln, das freudiger nicht sein konnte.

Später kam Detlef. Er hatte es versprochen. »Schön, dass du gekommen bist. Ich habe herrlich geschlafen, nur nicht lange genug.«

»Das freut mich. Brauchst du was?« Detlef blickte sich unsicher um. Er stand am Fenster. »Nein, habe ich alles«, erwiderte sie und erhob sich vorsichtig. »Lass uns laufen. Ich muss aufstehen.«

»Ist dir das nicht zuviel?« Detlef schaute sie ungläubig an. »Du solltest jetzt noch nicht aufstehen.«

»Es geht. Ich habe es probiert«, erwiderte Nicole ungeduldig. »Wie du willst.« Detlef staunte über so viel Willenskraft und begriff, dass er Nicole nicht würde bremsen können.

Der Flur war lang, mit jedem Schritt kehrte Leben in ihrem Körper ein. Bald hatte sie das Gefühl, ewig laufen zu können. Die Schwestern auf der Station sahen ihr aufmunternd nach, erstaunt, wie schnell sie wie der auf den Beinen war. Später fiel sie müde auf ihr Bett, stolz und mit unbändigem Willen. »Mach langsam, Nicole.« Detlef stand in der Tür.

»Ich habe siebenundzwanzig Jahre verloren, da drängt es mich«, erwiderte sie trotzig.

»Klar, das weiß ich, es hilft dir nichts. Du wirst nicht eher entlassen, als es gut für dich ist«, meinte er noch und zog die Tür hinter sich zu.

Für einen Moment schloss Nicole die Augen. Sie fühlte sich matt. War es zuviel gewesen? In dem Augenblick ertönte wie der Wecker. Sie spülte die Wunde, wie ihr geheißen worden war. Es wunderte sie nicht, dass sie davon spürte, alles schien noch taub. Das wird sich hoffentlich bald geben, dachte sie. Es muss! Gegen Abend nach der Visite wagte sie noch einen Gang über den Flur; es ging besser. Wenn sie die Wunde weiter gut spülen und die Fäden gezogen würden, könne sie in ein paar Tagen nach Hause.

Die Tage vergingen und Nicole erholte sich von der gut sieben Stunden dauernden Operation, und sie spürte sich. Die Wunde heilte und nach einer Woche wurden die Fäden gezogen.

»Wann kann ich endlich nach Hause, Herr Professor?«

»Gut. Wenn Sie möchten, können sie morgen nach Hause. Sie müssen sich noch schonen und regelmäßig spülen, Nicole.«

Das wollte sie hören! Ihr Herz unternahm einen Salto nach dem anderen. Keinen Tag länger als notwendig, wollte sie hierbleiben. Bis spät in die Nacht lag sie wach. Sie war froh, diesen Schritt gewagt und hinter sich zu haben. Sie hatte das Ärgste hinter sich.

Sie freute sich über die tatsächlich er lebbare Freiheit und das Gefühl, sie zu sein. Mit dem Ergebnis der Operation konnte sie zufrieden sein. Sie war jetzt endlich körperlich eine Frau! Ein paar Narben erinnerten noch daran, dass alles anders gewesen war.

Nicole hatte ihr Ziel erreicht, sie war nicht mehr Gedanke, Gefühl. Sie hatte endlich einen Körper, der ihr eine Heimat sein konnte. Und all die Fantasien, die sie in den Jahren zuvor beschäftigt hatten, jene Bilder, mit denen sie versucht hatte, sich zu erklären, sollten nunmehr Wirklichkeit werden. Sie würde fortan ihr Leben erleben können. Rainer war für sie eine Zwischenstation auf der Suche nach ihrer eigenen Zukunft gewesen.

Wie schloss sie die Augen und ließ ihrer Fantasie und den Gedanken freien Lauf. Sie stand auf der Anhöhe und betrachtete den Garten, der sich vor ihr entfaltete. Sie hätte sich gern hineinfallen lassen, bemerkte sie dunkle Wolken, die sich über ihr zusammenzogen. Rainers Gesicht tauchte darin auf, ungehalten und aggressiv. »Du kannst mich nicht ignorieren, Nicole!«

»Was willst du von mir? Ich habe nicht den Weg umsonst gewagt. Ich kann und will dich nicht mitnehmen«, schrie Nicole entsetzt auf und ihre Schritte wurden unwillkürlich schneller, wie um diesem bedrohlichen Bild zu entfliehen. Er folgte ihr beharrlich, schien sie festzuhalten. »Dir wird nichts Anderes übrigbleiben. Du kannst mir nicht davonlaufen, wenn ich es nicht will.«

Nicole meinte, einen unangenehmen, böswilligen Unterton in seiner Stimme zu hören. Sie spürte Wut und Ärger aufsteigen; er machte ihr Angst! Damit hatte sie nicht gerechnet. Was sollte sie tun? Konnte sie ihn ignorieren? Oder ein Abkommen mit ihm treffen? »Lass mir mein Leben. Ich habe lange darauf gewartet. Du darfst mir nicht alles kaputtmachen!«

»Ich habe mein Leben mit dir verbracht, ohne mich wehren zu können. Du hast mein Leben zerstört.«

»Ist das deine Rache?«, fragte Nicole verärgert und traurig.

»Sieh es, wie du willst. Ich werde nicht zulassen, dass du ohne mich gehst.« Rainers Blick ließ vermuten, dass es ihm ernst war. »Und hast du gesagt, dass die Erinnerung weiterleben wird. Ich kann dich nicht gehen lassen.«

»Das mag sein, habe ich es nicht gemeint.« Nicole setzte zögernd einen Fuß vor den anderen, begleitet von Rainers stechendem Blick, der bleischwer auf ihren Schultern lastete. Ähnlich musste er sich gefühlt haben, als es noch sein Leben war, dachte sie bei sich. Es war ihm gewesen, dass es sie gegeben hatte. Dieser Rainer, der sie mit seinem Blick quälte, erschien unheimlich, beängstigend und wohlwollend. Wie sollte sie unter der Last aufrecht gehen können, frei und glücklich!

Dieser Traum holte Nicole aus ihrer ersten Euphorie heraus. Sie hatte es sich viel einfacher vorgestellt, nun wurde sie eines Besseren belehrt. Rainer und die Erinnerung an ihn ließen sich nicht verdrängen. Hatte sie noch nicht genug Zeit gehabt, mit den neuen Umständen ihrer Existenz zurechtzukommen, würde ihr Leben eine nicht unerhebliche Bürde erhalten ...

Erleichtert, endlich nach Hause fahren zu können, verließ sie am folgenden Morgen das Krankenhaus. Und wenig später blickte sie aus dem Fenster des Zuges auf die dahineilende Landschaft. Wie sich alles verändert hat, dachte sie unwillkürlich, viel schöner als bei der Hinfahrt. Die Farben leuchteten kräftiger, die Weinberge schienen voller und die Städte wirkten viel freundlicher. Es ging ihr gut, die Schmerzen hielten sich in Grenzen und sie hoffte, dass es bleiben würde. Bald wurden sie unerträglich. Sie hatte vergessen, nach genug Tabletten zu fragen. Diese Fahrt würde sie irgendwie hinter sich bringen müssen, erst zuhause konnte sie unternehmen. Sie versuchte, sich mit Lesen abzulenken und nicht mehr daran zu denken. Es gelang ihr nicht. Zwischendurch lief sie im Gang auf und ab, das half wenig. Durch die lange Fahrt hatte es noch stark zu bluten angefangen. Und als sich Nicole Stunden später endlich auf ihrem Bett ausstreckte, wurde ihr schlecht vor Schmerzen, sie robbte ins Bad, wo sie Tabletten vermutete. Natürlich nicht! Sie rief Detlef an, dass er noch bei der Apotheke vorbeigehen sollte. Erst spät an diesem Abend ließen die Schmerzen und Blutungen nach; erschöpft und benommen von schlief sie ein. Erst stärker werdenden Schmerzen weckten sie unsanft. Sie erhob sich mühsam, nahm ein paar Tabletten und legte sich hin.

»Das ist die Quittung für das, was du mir angetan hast!«, schrie ihr Rainer hämisch grinsend nach. Sie war zu erschöpft, um darauf zu antworten.

Die nächsten Tage vergingen langsam und mit ihnen die Schmerzen. Detlef half, wo er konnte, und umsorgte sie liebevoll. Und ihre Eltern unter stützten sie finanziell in dieser Zeit. Die Salben, Medikamente und Verbände wurden von der Krankenkasse bislang nicht übernommen. Was hatte sie nicht alles bislang ertragen! Unendlich viele Jahre der Ungewissheit und Suche und der aussichtslose Versuch, mit Rainer zu leben. Den zermürbenden Kampf mit Gutachtern, Gesetzen und Richtlinien, das lange Warten auf die Operation, die finanziellen Belastungen und nicht zuletzt die Auseinandersetzung mit ihren Eltern und ihrem Umfeld. Dies alles war ihr gelungen, und waren es erst wenige Schritte des Weges, den sie noch gehen musste, ehe sie zu leben beginnen konnte. Es gab noch vieles, was auf sie wartete.

Zu allererst wollte sie einen wichtigen Punkt in ihrem Leben beseitigen, der ihr auf der Seele brannte. Noch beherbergte ihr Portemonnaie Rainers Ausweis, mit dem sie überhaupt nichts mehr gemein hatte. Das Gericht ließ sich Zeit, offiziell ihren Personenstand zu ändern und den neuen Ausweis auszustellen. Es forderte neue Gutachten an, die belegten, dass Nicole eine Frau sei. So ein Quatsch, dachte sie bei sich. Was muss ich noch alles tun, damit die mir glauben? Habe ich nicht alles getan, was ich tun musste? Es half alles nichts. Ohne die neuerlichen Gutachten ließ sich das Verfahren nicht beschleunigen. Es vergingen noch Wochen Monate, ehe die lang ersehnte Nachricht vom Gericht eintraf, dass sie rechtlich eine Frau sei. Jetzt brauchte sie noch den neuen Ausweis vom Amt abzuholen. Als sie ihn endlich in den Händen hielt, mochte sie es nicht glauben, dass all die Zeit des Wartens und Harrens endlich vorüber war ... Sie ließ sich auf einem Baumstumpf nieder, um diesen Augenblick zu genießen. Die Nacht um sie wirkte wie ein kühlender Umschlag auf ihrer aufgewühlten Seele.

»Bist du endlich zufrieden?« Rainers Stimme schreckte sie auf.

»Was willst du damit sagen?«, entgegnete Nicole sauer.

»Nichts.«

Das konnte nicht sein! Es verletzte sie, wenn er redete. Sie hatte ihn behandelt! Warum war Rainer so? Sie versuchte, sich nicht davon beeindrucken zu lassen, er fand wie der einen Weg, sie zu demütigen. Dunkle Wolken zogen über ihrem Paradies zusammen, sobald er in ihrer Nähe war. Sie war ärgerlich und deprimiert, dass sie ihm nicht die Stirn bieten und nicht ignorieren konnte. Sie erinnerte sich ungern daran, welche Schwierigkeiten sie in ihrem Leben bisher hatte durchmachen müssen. All die Jahre der Gefangenschaft in seinem Körper, der nicht zu ihr gehören wollte und all die Jahre, die sie existiert hatte, ohne sie zu sein und die Schwierigkeiten, die sie hatte überwinden müssen, bis sie endlich ihren eigenen Weg gehen konnte. Je bewusster sie sich geworden war, desto mehr hatte sie um sich kämpfen, sich rechtfertigen müssen. Sie vergaß nicht, dass Rainer all die Zeit und das Leiden mit ihr geteilt hatte. Er hatte die schwere Aufgabe gehabt, ihr eine Zukunft zu geben. Er hatte sich mit den Menschen auseinandersetzen müssen, die ihr Schicksal lenkten. Es blieb ein bitterer Beigeschmack zurück, er schien, sich nicht mehr mit seinem Schicksal abfinden zu wollen. Wie würde er reagieren? Sie hatte geglaubt, ihr gemeinsamer Weg, der sie bis hierher geführt hatte, sei für ihn wie eine Befreiung gewesen. Sie hatte geglaubt, es sei für ihn gewesen, diesen und keinen anderen Weg gegangen zu sein. Sie hatte keine andere Wahl gehabt! Warum konnte er es jetzt nicht mehr einsehen? Rainer wäre unglücklich geworden in dem Wissen um sie! Und sie wäre eines Tages zu Staub zerfallen. Dann hätte er zwar überlebt – der Preis wäre ein seelenloser Körper gewesen. Es war der einzig richtige Weg gewesen! Zufrieden betrachtete sie das Bild und den Namen in ihrem Ausweis, der sie als Frau identifizierte: Nicole.

Durch den Entschluss, sich operieren zu lassen und Rainers körperliche Existenz zu beenden, hatte sich Nicoles Leben grundlegend geändert. Sie hatte die Arbeit im Großhandel aufgeben müssen und bisher fühlte sie sich nicht in der Lage, eine neue Arbeit aufzunehmen. Im Augenblick hätte sie nicht gewusst, was sie tun wollte. Sie war froh, dass Detlefs Gehalt ausreichte, ihr ein sicheres Auskommen zu bieten. Sie versorgte den kleinen Haushalt und es gefiel ihr. Sie hatte Zeit, sich an die Wirklichkeit ihres Körpers zu gewöhnen, betrachtete sich im Spiegel und erfreute sich daran, sich tatsächlich zu erleben. Alles, was sie darin sah, gehörte zu ihr. Die Hände, die Füße, das Gesicht, alles ... der ganze Körper. Sie war nicht mehr Schein, unsichtbar, ein Gedanke oder ein vages Gefühl, sondern wahrhaftig eine Frau! Und doch gab es Augenblicke, in denen sie darüber nicht glücklich sein konnte. Wenn sie die Erinnerung überkam, wenn ihre Umwelt oder sie mit Rainers Leben konfrontiert und seine Spuren sichtbar wurden, dann wünschte sie sich, es hätte ihn nicht gegeben. Er war existent, auf Bildern, Dokumenten und Zeugnissen. Sie alle belegten seine Existenz über seinen körperlichen Tod hinaus. Nicole litt darunter, bedeutete seine fortwährende Existenz, dass es sie noch nicht gab. Wenn sein Name fiel oder ihre Eltern von ihm sprachen, wenn Nicole seine Zeugnisse in Händen hielt oder wenn sie ihn auf Bildern fand, dann war ihr Leidensdruck unerträglich. Das waren Nadelstiche in ihre dünne Haut, sie trafen auf die noch ungeschützte Seele.

Mit Verzweiflung und Akribie verbrannte sie eines Tages sämtliche Spuren seines Lebens. Fotos, auf denen er zu sehen war, und Zeugnisse und Dokumente, die seinen Namen trugen. Sie ließ nichts aus, einzig eine Hand Fotos, die ihr gefielen, legte sie beiseite. Gedankenverloren sah sie in die Flammen, die Rainers Existenz zu widerlegen suchten. Es war ihr Genugtuung, ein dringendes Bedürfnis, ein Akt der Befreiung. Mit jedem Dokument, das in den Flammen verbrannte, verlor sich ein weiteres Stück ihrer ungewollten Geschichte, Rainers Existenz ... Ihr Blick schweifte über das Land, dessen Gärtner Rainer gewesen war. Dunkle Rauschschwaden verbreiteten eine düstere Stimmung und nahmen ihr die Luft zum Atmen. Sie sah ihn verzweifelt und ärgerlich gegen lodernde Flammen kämpfen, die seine Existenz zu vernichten drohten. Mit dem Gefühl der Macht und Zufriedenheit betrachtete sie seine hilflosen Versuche, das Feuer einzudämmen und den Schaden gering zu halten. Die Glut loderte auf, vernichteten die Felder, deren vertrocknete Gräser sie begierig aufnahmen. Als das letzte Fleckchen Erde den Flammen zum Opfer gefallen zu sein schien, überzog eine dicke Schicht Asche das

Land wie ein Leichentuch. Rainer hatte seinen Kampf beendet, als habe er sich damit abgefunden, dass Nicole im Augenblick stärker war. Er schaute zu ihr herüber, in den Augen Tränen der Trauer und Wut.

»Das hättest du nicht tun sollen? Es wird dir nichts nützen ...«

»Das musste sein. All die Fotos, die Dokumente gehören nicht zu mir«, unterbrach sie ihn trotzig. »Es ist jetzt mein Leben!«

»Das mag stimmen. Du vernichtest alles Sichtbare, es wird dir nicht gelingen, die Erinnerung auszulöschen, die meine Existenz belegen wird. Tief unter der Asche verborgen und in den Weiten meines Gartens werde ich weiterleben. Komm herunter.«

»Was soll das nützen? Ich will nicht«, entgegnete Nicole.

»Ich will es.« Sein Blick verhieß nichts Gutes, Nicole fügte sich und stieg von der Mauer herab. Er führte sie über die verbrannten Felder und an verkohlten Bäumen vorbei. »Sieh, du hast alles Sichtbare vernichtet. Egal, ob es gut war oder nicht. In deiner Wut hast du keinen Unterschied gemacht. Dein Feuer kann die Erinnerung an mich nicht zerstören. Was gelebt ist, bleibt.«

»Was soll das?« Sie hatte überhaupt keine Lust, sich sein Gerede länger anzuhören.

»Es werden Narben aufbrechen, wenn die Erinnerung lebendig wird. Und sie wird leben, du hast es gesagt. Ist es nicht mehr wahr?«

»Ich weiß, was ich gesagt habe. Ich will nicht mehr darüber reden. Und mit dir nicht. Du gehörst nicht mehr in meine Gegenwart.« Nicole sah sich befriedigt und gleichzeitig befremdet um. Sie hatte ganze Arbeit geleistet! Es gab kein sichtbares Zeichen der Erinnerung, das ihre Vergangenheit ausmachte. Sie erblickte einen Baum, der dem flammenden Inferno scheinbar entkommen war.

»Dieser Baum wird dir zeigen, dass es mich gegeben hat. Seine Wurzeln sind tief, dass es dir nicht gelingen wird, sie herauszureißen, sein Stamm ist kräftig, dass du ihn nicht zersägen kannst, und seine Krone ist hoch, dass sie sich dir nicht beugen wird. Er wird meine Heimat werden. Und von hier aus werde ich dich und all deine Versuche beobachten, mir diesen Baum zu nehmen. Er gehört mir! Und die Samen seiner Früchte werden eine neue Vegetation entstehen lassen.«

Rainers Stimme war mit jedem Wort lauter und bedrohlicher geworden. Nicole versuchte vergeblich, sich ihre Ohren zuzuhalten. Sie ließ sich auf den schwarzgebrannten Boden sinken. Tränen der Wut, der Trauer und Angst flossen aus ihren Augen. Der eiserne Griff seines starren Blickes löste sich. »Mach, was du willst. Du hast es all die Jahre getan. Geh und lebe dein Leben. Ich werde es ebenso begleiten, wie du meines begleitet hast.«

Das Leben ging seinen Gang, vieles gelang ihr gut. Sie spürte jedoch eine unbestimmte Leere in sich. Die Vernichtung der Dokumente und sichtbaren Zeichen ihrer Vergangenheit war befreiend. Erst später wurde ihr bewusst, dass sie die Dokumente ersetzen musste, um wirklich ein neues Leben zu beginnen. Sie brauchte Zeugnisse und Dokumente, die ihren Namen trugen. Sie wandte sich an die Schulen, die Rainer besucht hatte, um neue Zeugnisse auf ihren Namen ausstellen zu lassen. Leicht fiel es ihr nicht, doch wenn sie ohne Nachweis einer Vergangenheit war, gab es keine Gegenwart und erst keine Zukunft für sie. Ihr war klar, dass sie darauf aufbauen, nichts Neues schaffen konnte. Erst als sie alle wichtigen Dokumente ihres Lebens beisammenhatte, konnte sie ihren Weg fortführen. Zu ihrer Freude über die gewonnene Freiheit gesellte sich Zufriedenheit über das bisher Erreichtes und Neugier auf die kommenden Erlebnisse. Angst hatte sie nicht, sie hatte die wichtigste Mauer ihres Lebens eingerissen. Und wenn sie in den Spiegel sah, hüpfte ihr Herz, reflektierte er die Frau, die sie sein wollte und war. Wenn sie aus dem Haus ging, wurde sie als Frau angesprochen. Das machte sie glücklich und ließ alle Angst verschwinden.

Am Telefon irritierte ihre dunklere Stimme und Rainer tauchte wie ein Damoklesschwert vor ihr auf und durchbohrte sie mit stechendem Blick.

»Du entkommst mir nicht«, rief er dann. »Solange es mich gibt, werde ich da sein.«

Das waren Situationen, mit denen sie schlecht zurechtkam. Sie konnte sich noch viel Mühe geben, er sah eine Möglichkeit, sich einzumischen. Sie wusste, dass er da war, und das reichte. Dann brauchte sie Zeit, um sich zu fangen und ihn zu verdrängen. Dieses ungewollte Erbe machte ihr zu schaffen, weil es ihr nicht gelang, unbefangenen damit umzugehen. Dann fühlte sie sich zurückversetzt in ihre Vergangenheit, zweifelte an der Gegenwart.

Da konnte Detlef nicht viel ausrichten. »Das ist klar, Nicky«, sagte er dann. »Es gibt kein Telefon, das deiner dunkleren Stimme ein weibliches Bild geben könnte.«

In der Selbsthilfegruppe hörte sie die gleichen Phrasen: Du weißt es besser, vergiss es. Leichter gesagt als getan! Das war der Grund, weshalb sie nicht mehr hinging. Das Schicksal der anderen erinnerte sie an ihr eigenes. Wenn sie nicht daran erinnert wurde, könnte sie zu einer eigenen Form finden.

Eines Tages nahm sie sich Zeit und betrachtete ihren Körper eingehend im Spiegel. Sie war von zierlicher Gestalt, mittelgroß und schlank. Ihr Blick richtete sich auf das Gesicht, wie zwei leuchtende Sterne folgten ihre Augen den Konturen. Von Rainers starkem Bartwuchs war lange nichts mehr zu sehen, die leicht gebräunte Haut schmiegte sich weich an die Wangenknochen und das Kinn. Das Haar fiel seidig in die hohe Stirn. Es würde noch ein gutes Stück wachsen müssen, bis die Haarpracht voller wäre. Ihr Blick folgte den schlanken Hals hin ab zu den breiten Schultern. Ihr Busen reckte keck die kleinen Warzen empor. Bei der Gruppe hatte sie gehört, dass manche ihren Busen operativ verändern ließen. Davon hielt sie nichts, wie sie waren, waren sie gut. Dann blickte sie auf die schmalen, knabenhaften Hüften, die durch die Hormone weich und rund geworden waren. Die Schamhaare waren rasch nachgewachsen und verdeckten die feinen Narben. Sie blickte auf ihre Hände hinab, deren Finger lang und schmal wie ihre Arme waren. Nicht der Weisheit letzter Schluss, schmunzelte sie, es war halt nicht anders. Genauso hatte sie sich vorgestellt, sie war zufrieden.

»Hast du dich noch nicht sattgesehen? Du hast erreicht, was du wolltest, und von mir nicht viel übriggelassen.« Seine Silhouette drängte sich im Spiegel auf, wenig begeistert von ihr und aggressiv.

»Das war meine Absicht«, entgegnete Nicole ungehalten. »Wie soll ich das Leben als Frau haben und genießen, wenn ich bei jedem Blick in den Spiegel gleich an dich erinnert werde?«

»Damit du mich nicht vergisst!«, konterte Rainer, und ein hässliches Lachen entstellte seine Gesichtszüge.

»Wie könnte ich dich je vergessen!«

War das nicht die entscheidende Frage? Nicole wandte sich vom Spiegel ab, das Erbe seiner Existenz war nicht aus dem Spiegel verschwunden, und ihre Gedanken kreisten um die Zeit, die ihres Lebens Vergangenheit war. Die Tatsache, dass Nicole Rainer gewesen war, ließ sich nicht verleugnen. Da konnten Rock und Schminke nicht viel ausrichten. Das größte Vermächtnis seiner Geschichte war, dass sie keine echte, weibliche Vergangenheit hatte, von der sie hätte berichten können. Und das machte sie zunehmend traurig.

Sie streifte durch ihren Garten, den Blick vorausgerichtet. Manches war neu für sie, anderes schien sie gewusst zu haben. Sie genoss die stillen Momente, in denen sie mit sich war. Dann ließ sie sich am Wegrand nieder und lauschte dem Wind, der in den Wipfeln der Bäume nach ihr rief. Oder sie ließ den Blick über die Weiten ihres Lebens schweifen. Dann war sie glücklich und zufrieden mit der Gegenwart. Oftmals legte sich die Vergangenheit wie Nebel über ihre Welt, die sie trist und traurig stimmte. Und nicht gelang es ihr, seine boshaften Rufe und sein hässliches Lachen zu ignorieren. »Du bist keine echte Frau, weil dir die Vergangenheit fehlt. Die kannst du nicht nachholen!« Sein hämisches Lachen zerschnitt die Stille und dichter Nebel verhüllte einen Großteil des Gartens, der sich noch klar und rein vor ihren Augen ausgebreitet hatte. Rainers Lachen hallte wie Donnergrollen in den Nebel und seine Worte zuckten Blitzen gleich durch die Finsternis. »Dieser Teil des Gartens wird sichtbar bleiben, aber er ist verloren für dich. Wie du meine Existenz zu vernichten getrachtet hast, ist dieser Boden unwiederbringlich für dich verloren. Du wirst ohne das alles auskommen müssen. Wie ich keine Zukunft haben sollte, wirst du ohne Vergangenheit sein. Einzig, was bleibt, ist die Erinnerung ... Das ist der Teil der Geschichte, die sich nicht umschreiben lässt. Überall wird das Etikett Rainer dranstehen, weil ich diese Pflanzen gepflanzt habe. Du kannst sie herausreißen, der Boden bleibt unfruchtbar. Du wirst dir ein anderes Beet suchen müssen.«

Die Worte verloren sich in der Weite der Finsternis und hinterließen eine beklemmende Stimmung. Nicole fühlte sich erstmals richtig und verlassen in ihrer Welt. Sie fühlte sich verloren in diesem Nichts aus undurchdringlichem Nebel, das sie umfing. Nichts war zu erkennen, an nichts konnte sie sich halten. Einzig, was ihr blieb, war die Erinnerung an ihre ungeliebte und von Rainer gelebte Vergangenheit. Auf was sollte sie ihr Leben aufbauen, wenn das Fundament fehlte? Wie konnte sie wahrhaft Frau sein, wenn ihre Erfahrungen auf seinen Erlebnissen bauten? Es würde noch Jahre dauern, bis sie sich mit diesem Erbe, das den Namen Rainer trug, arrangieren konnte. In ihrem Garten fehlte es an allem. Das machte sie traurig. Die Bilder ihrer ersten Schritte, die dicht bewachsenen Hänge, die weiten Felder, auf denen die Früchte ihres Lebens gestanden hatten, waren vergangen.

Der Traum eines eigenen Lebens schien zu platzen. Öd und leer zeigten sich die Beete, auf denen nichts wachsen wollte. Der Anblick erinnerte sie an seine verbrannte, vernichtete Welt. Wenn du dich hier heimisch fühlen willst, wird es Zeit, was zu tun, dachte sie. Trotzdem würde noch lange dauern, bis diese unwirtliche Gegend zum Leben erwachte. Wenn sie sich eine weibliche Gegenwart schaffte, gäbe es eines Tages eine Vergangenheit, auf die sie zurückblicken konnte, ohne an ihn erinnert zu werden. Ihr Leben ging seinen Gang und entwickelte erste weibliche Triebe. Mit jedem Tag, mit jedem Beet, auf dem sie neue Pflanzen setzte, gewann man den Eindruck von einer Frau, die eine Frau war. Und was sie nicht für möglich gehalten hatte, Detlef schien sie ebenso als Frau anzuerkennen, obwohl – oder viel leicht gerade, weil – er ihre Vergangenheit kannte. Sie liebte ihn, und sie glaubte, dass Detlef es auch tat. Und eines Tages besiegelten sie ihr gemeinsames Leben. Nicoles Garten gewann eine weitere Dimension hinzu, die ihr bisher noch nicht bewusst gewesen war. Es war die erste deutlich sichtbare, weibliche Spur, die ihrem Garten Gestalt geben sollte. Sie genoss diesen Anblick, hatte sie ihn herbeigesehnt. Nicole war die überglückliche Braut, die diesen Schritt tat. Das war einer ihrer ersten Meilensteine auf dem Weg zu einer Vergangenheit, die Rainer vergessen machen konnte. Erstmals in ihrem Leben war sie glücklich. Detlefs Gehalt und ihr Verdienst aus Gelegenheitsjobs ermöglichten ein sorgenfreies Leben. Sie lebte ihren Traum von einem Leben als Frau, wie es die Gesellschaft forderte. Nicole entwickelte zunehmend körperliche Gefühle, die Rainer fremd geblieben waren. Nach außen lebte sie ihr Leben als Frau mit jener Selbstverständlichkeit, mit der sie ihren Weg bis dahin gegangen war. Einzig leugnen konnte sie sein Leben nicht, so sehr es sie schmerzte. Sie hoffte jedoch, eines Tages auch mit ihrer männlichen Vergangenheit abgeschlossen zu haben. Die körperliche Veränderung vom Mann hin zur Frau war der wichtigste Meilenstein in ihrem Leben, das ihr niemand nehmen konnte.

Das Geständnis

Das war Nicoles Geschichte, wie ich sie verstanden habe. Abschließend möchte ich dem Leser meine eigene »Sicht der Dinge« mitteilen. Auch wenn meine Begegnung mit Nicole und die Niederschrift ihrer Biografie Jahrzehnte her ist: Sie ist aktueller denn je. Vielleicht interessiert den Leser, wie ich persönlich als Mensch Nicole erlebt habe.

Zögernd betrat ich in das Lokal und suchte mir einen Tisch, von dem ich alles sehen konnte, mir aber nicht wie auf dem Präsentierteller vorkam. Bei der Bedienung bestellte ich eine heiße Schokolade und vertiefte mich in ausliegenden Zeitschriften. Der erste Schritt war getan und mein Herz schlug mit jedem Augenblick weniger heftig in meiner Brust. Wie nervös ich wirklich war, bemerkte ich erst, als ich mir eine Zigarette anzündete. Die Feuerzeugflamme zitterte wie meine Finger. Ich kam mir wie ein Schulmädchen vor, das heimlich die Schule schwänzte, weil es abenteuerlicher war, in eine fremde Welt einzudringen. Und doch war ich der Schule längst entwachsen, hatte schon in der Welt der Erwachsenen genug Abenteuer und Spannung erfahren. Nie zuvor war ich in diese Art Lokale gegangen. Bisher hatte ich nicht einmal gewusst, dass es sie gab. Geschweige dass mir eingefallen wäre sie zu betreten, wenn ich davon gewusst hätte. Und doch saß ich hier und versuchte zu ergründen warum.

Das Lokal war auf den ersten Blick nicht sehr groß. Neben dem etwa sieben Meter langen Tresen hatten hier noch ein paar Tische Platz, die zu dieser frühen Stunde gerade mal zur Hälfte besetzt waren. An den weiß getünchten Wänden hingen zeitgenössische Bilder und die Musik aktueller Scheiben füllte den Raum. Ein wirres Raunen umgab mich. Die Atmosphäre wirkte belebend und befremdlich zugleich; ich fühlte mich in eine weiche Wolke gehüllt, dabei aber krampfhaft bemüht, unbeeindruckt zu scheinen. Zu dieser frühen Stunde war nicht viel los, lediglich ein paar Frauen unterhielten sich angeregt, ohne von mir Notiz zu nehmen.

Ich hatte mich auf unerforschtes Gebiet vorgewagt! Ein Frauencafé. Neugierig und scheu beobachtete ich über den Zeitungsrand hinweg das Geschehen. Das war ebenso neu und spannend, wie es der vergangene Abend gewesen war.

Ich war zum ersten Mal in einer Frauendiskothek gewesen. Inmitten der vielen Frauen, die keinen Hehl daraus machten, lesbisch zu sein, hatte ich mich so wohl gefühlt wie schon lange nicht mehr. Ich erinnerte mich wieder der Frau, die ich gern näher kennengelernt hätte; sie hatte in mir nicht zum ersten Mal den Eindruck geweckt, dass meine Gefühle meinem eigenen Geschlecht gegenüber doch nicht allein platonisch waren, wie ich bisher geglaubt hatte. Doch hatte ich mich nicht getraut, sie anzusprechen. Und ich tat mich schwer, die immer wiederkehrende Befürchtung, homosexuell zu sein, zu akzeptieren, die damit verbundenen verwirrenden Gefühle zu verarbeiten. Mir selbst einzugestehen, dass ich sehr wohl sexuelle Ambitionen Frauen gegenüber hatte. Ich wollte irgendwie nicht glauben, dass es diese Gefühle tatsächlich gab. Schon lange mutmaßte ich, mich auch körperlich zu Frauen hingezogen zu fühlen, spürte ich doch oft eine unklare Regung in mir aufsteigen, wenn ich an so manche Frau dachte, die ich bislang kennengelernt hatte. Doch stets empört hatte ich sexuelle Ansinnen beiseitegeschoben. Nach langen Gesprächen mit meiner besten Freundin wollte ich es endlich wissen. War ich wirklich lesbisch? Waren meine Gefühle Frauen gegenüber doch nicht seelisch-geistig, sondern sinnlich-erotischer Natur? Ob ich hier wirklich Antwort auf meine Fragen und Gewissheit über meine Gefühle und Ideen fand? Was erhoffte ich mir von diesem Besuch? Wusste ich die Antwort nicht längst? Und doch war ich immer noch nicht sicher, ob meine Gefühle wahrhaft lesbisch waren. Wie ich allerdings an eine befriedigende Antwort gelangen sollte, wusste ich nicht. So saß ich erwartungsvoll hinter meiner Zeitschrift und beobachtete verstohlen und neugierig die Pärchen. Sie lachten und scherzten miteinander, manche küssten sich sogar ungeniert. Ich war fasziniert von der Leichtigkeit, mit der sie selbstverständlich sich und ihre Gefühle zur Schau trugen. So kam es mir jedenfalls vor.

Die ganze Zeit hatte ich regungslos und in Gedanken versunken hinter meiner Zeitschrift dagesessen, als ich unwillkürlich den Blick hob. Gerade war eine Frau hereingekommen, die sogleich mein Interesse weckte. Geheimnisvoll und unnahbar wirkte sie, doch schien sie mir nicht fremd. Ich fühlte mich auf irgendeine Weise zu ihr hingezogen, ohne dass ich es hätte begründen können. Sie war so ganz anders als die Frauen hier und eigentlich ganz anders als alle Frauen, die ich bis dahin kennengelernt hatte. Ich musste ihre Bekanntschaft machen! Aber wie? Ich konnte sie doch nicht einfach ansprechen! Dazu fehlte mir der Mut.

Aufmerksam beobachtete ich, wie sie sich suchend umsah. Ich befürchtete schon, dass sie sich zu irgendwem setzen könnte und es mir noch schwerer würde, mit ihr bekannt zu werden. Doch nur wenige Augenblicke später ließ sie sich ganz in meiner Nähe auf einem Hocker an der Bar nieder und nahm die Getränkekarte zur Hand. Ich beobachtete ihre langen feingliedrigen Finger, die darin blätterten, während sie den Kopf gesenkt hielt, so dass einzelne dunkelblonde Strähnen in ihre hohe Stirn fielen. Wenn ich sie kennenlernen wollte, musste bald etwas geschehen. Da hörte ich mich unvermutet sagen: »Nimm den Kakao mit Sahne, der ist billiger als ohne.«

Das hatte ich zu meiner Überraschung auf der Karte entdeckt, doch leider war es nur ein Tippfehler. Wie kannst du nur, schalt mich meine innere Stimme, was soll sie denn von dir denken? ... Halt dich da raus!, fauchte ich in Gedanken ärgerlich zurück und blickte in zwei leuchtend blaue, fragende Augen.

»Wie du meinst. Aber was ist, wenn ich keinen Kakao trinken möchte?«

»Dann muss ich ihn halt allein trinken. Oder darf ich mich zu dir setzen?«

So einfach hatte ich es mir nicht vorgestellt. Irgendwie war ich stolz auf mich; ich hatte mein Ziel erreicht und saß nun neben ihr, der Stunden harrend, die noch folgen konnten. Und Nicole war eine außergewöhnliche Persönlichkeit, nicht gerade hübsch, aber in ihre blaugrauen Augen sah ich gern. Sie ragten vergnügt aus einem Gesicht, das schon viel erlebt haben musste. Wir unterhielten uns angeregt über alles Mögliche. So erzählte ich ihr auch vom Frauenschwof.

»Da bin ich doch auch gewesen!« Sie lachte und ihre Augen funkelten im Dämmerlicht. »Schade, dass wir uns da nicht schon begegnet sind.«

»Wahrscheinlich hätten wir uns gar nicht bemerkt. Und außerdem bin ich schon früh wieder gefahren«, erwiderte ich.

Später verzogen wir uns in einen Nebenraum, den ich bis dahin noch gar nicht wahrgenommen hatte. Hier war es etwas ruhiger, denn das Bistro füllte sich mit jeder Stunde, dass wir uns nicht mehr ungestört unterhalten konnten. Sie sei verheiratet. Doch diese Beziehung sei schon lange nicht mehr gut, denn sie wüsste seit einigen Jahren, dass ihr Mann homosexuelle Kontakte pflegte. Und sie selbst fühle sich schon länger mehr zu Frauen hingezogen, fügte sie hinzu. So war diese Ehe nur mehr eine Frage der Zeit. Ich konnte das nur allzu gut verstehen. Nach einer gescheiterten Ehe mit einem Alkoholiker hatte ich mehr und mehr meine Gefühle zu Frauen entdeckt, die ich inzwischen nicht mehr so entschieden verleugnen konnte ... und auch nicht mehr wollte.

Vielleicht hatte gerade diese Gemeinsamkeit dazu geführt, dass wir uns näherkamen. Und irgendwann begann es, heftig in meinem Bauch zu brodeln. In mir regten sich diese unergründlichen, unbeschreiblich schönen, prickelnden aber auch ängstigenden Fantasien. War es das, was ich gesucht hatte? War ich meinem Ziel nähergekommen, Sicherheit über mich und meine Gefühle zu erlangen? War es vielleicht Nicole, die mir endlich Antwort geben konnte? Nicole beflügelte nicht nur meine Fantasie, sie ließ auch meine anfängliche Unsicherheit einer vagen Neugier weichen. Ich musste gestehen, dass sie mir sympathischer wurde, je länger wir uns unterhielten. Und ich begann, mich in sie zu vergucken! Das konnte und durfte keine Illusion sein! Sie musste die Antwort auf meine Fragen sein! Das wurde mir mit einem Mal bewusst.

So wurde es immer später, doch verspürte ich kaum Müdigkeit und noch weniger das Bedürfnis, diesen Abend jetzt so enden zu lassen. Wenn ich die letzte Bahn allerdings noch erwischen wollte, musste ich mir etwas einfallen lassen. Doch es kam ganz anders! Gerade als ich ihr erklären wollte, nach Hause fahren zu müssen, flüsterte sie mir etwas ins Ohr, das mir noch viel lieber war. »Meinst du nicht, es ist spät genug. Lass uns zu mir gehen. Es ist nicht weit. Du kannst ja morgen früh nach Hause fahren.«

»Prima. Dann brauchen wir diesen Abend nicht so abrupt beenden«, erwiderte ich erfreut. Im Augenblick hatte ich das Gefühl, dieser Abend könnte ewig dauern, ich wäre bestimmt nicht müde geworden. Der Himmel hing für mich voller Geigen; ich meinte sogar, ihren geheimnisvollen Klang zu hören. Vielleicht versprach diese Nacht ja noch viel interessanter zu werden, als es der Abend bislang geworden war. In Erwartung einer viel zu kurzen Nacht erreichten wir wenig später ihre Wohnung. Ich wusste nicht allzu viel von dem, was man sich so hinter vorgehaltener Hand erzählte. So besänftigte ich meine Unsicherheit damit, dass ich immer noch Nein sagen konnte, wenn es mir nicht gefiel. Noch viel weniger war ich allerdings auf das vorbereitet, was mich tatsächlich erwartete.

Den ganzen Abend hatte ich Nicole beobachtet und jede ihrer Gesten aufgesogen und Unerklärliches entdeckt, ohne den Ursprung dieser Gedanken erfassen zu können. Doch nun begann sich in meinem Kopf ein Karussell zu drehen. Ich suchte nach Worten für das, was sich mir zu enthüllen drohte, traute mich aber nicht, diese Gedanken zu Ende zu denken geschweige auszusprechen. Aber was hatte ich denn erwartet? Ich konnte nicht ausdrücken, was ich dachte, ich war verwirrt und unsicher. Und offenbar war ich dem größten Geheimnis auf der Spur, zu dem meine Fantasie fähig war. Zu gern hätte ich gewusst, was Nicole für mich so interessant, begehrenswert und geheimnisvoll zugleich machte. Mysteriös und seltsam muteten die Ideen an, die mich bei ihrem Anblick heimsuchten. Ich zog es gleichwohl vor, meine Gedanken für mich zu behalten. Vielleicht gab es ja eine Erklärung dafür, die weniger unglaublich war als das, was ich dachte? Das alles verwirrte mich und doch genoss ich ihren Körper, der unfassbare Geheimnisse zu bergen schien. Ich hatte in Nicole einen Menschen kennengelernt, der mich nicht nur menschlich, sondern auch körperlich ansprach. All dies gab meinem Gefühl für sie Nahrung, erstaunte mich und ließ mich ihr immer näherkommen. Ich schob all die verwirrenden Gedanken beiseite und ließ mich in ihre starken Arme sinken, aus denen ich nach wenigen Stunden unsanft geweckt wurde. In aller Kürze trank ich einen viel zu dünnen Kaffee, während sie mir ein Taxi rief, das mich nach Hause fahren sollte. Dann würde mir noch genügend Zeit bleiben, mich umzuziehen und die Bahn zu bekommen, mit der ich zur Arbeit fahren musste. Überdies war mir wichtig, wieder klar zu werden. So ein spannendes, aufregendes und letztlich für mein lesbisches Coming-out so wichtiges Wochenende hatte beachtliche Spuren hinterlassen. Darüber konnten auch ein weiterer Kaffee nicht hinwegtäuschen.

Abends, nach einem schier endlosen Arbeitstag, klingelte das Telefon. Nicole wäre am liebsten gleich zu mir gekommen, doch ich vertröstete sie: »Lass gut sein. Mir steckt nicht nur die letzte Nacht in den Knochen. Ich bin total groggy. Wenn ich könnte, würde ich gleich ins Bett gehen.«

»Schade, ich hätte dir noch so viel zu erzählen«, kam es ziemlich geknickt zurück.

»Das hat doch bestimmt bis morgen Zeit«, beschwichtigte ich. »Ich kann mich nur noch schwer aufrecht halten. Also gedulde dich.«

Obwohl ich übermüdet und erschöpft war, konnte ich nicht sofort einschlafen. Nicole ging mir nicht aus dem Sinn. So wie ich den ganzen Tag darüber gegrübelt hatte, ob das, was ich erlebt und sich zwischen uns abgespielt hatte, gewesen war, was ich wirklich wollte. Je mehr ich darüber nachdachte, desto sicherer wurde ich mir: Ich fühlte lesbisch! Eigentlich hatte ich es ja die ganze Zeit gewusst, mir bisher aber verboten, diese Gefühle überhaupt zuzulassen. Nun war ich mir sicher! Doch Nicole blieb mir ein Rätsel, seit ich ihren nackten Körper im Schein der Nachttischlampe betrachtet hatte. Ich fand keinen Namen dafür, welches Geheimnis sie barg, doch eine unbestimmte Ahnung erfüllte mich mit Unruhe, weil es zu unglaublich war. Doch so sehr ich auch überlegte, eine überzeugende Erklärung fand ich nicht. Vielleicht würde ich ja bald eine Antwort darauf finden.

Am nächsten Abend vertrieb ich mir die Zeit mit den leidigen Pflichten. Den Abwasch schaffte ich allerdings nicht mehr. Eilig schloss ich die Küchentür; sie sollte nicht gleich das Chaos sehen! Ich war total aufgewühlt und verspürte eine lange vermisste Freude und Hoffnung, in Nicole einen Menschen gefunden zu haben, dem ich trauen und den ich lieben konnte. Und ich war offensichtlich verliebt bis über beide Ohren! Vielleicht gerade deswegen spürte ich, dass sie etwas auf dem Herzen hatte. Sie fingerte nervös an ihrer Kaffeetasse und in ihren Augen entdeckte ich dunkle Schatten der Unsicherheit, während wir über Gott und die Welt sprachen. Während dessen suchte ich zu ergründen, was mir Nicole so unnahbar und doch vertraut machte. Ich hatte zwar meine eigenen Ideen, ganz sicher war ich mir aber nicht. Zudem hatte ich auch Scheu vor der Antwort, die von entscheidender Bedeutung für Nicole und nicht zuletzt für uns sein musste. So verlief dieser Abend in gespannter Atmosphäre, die sich in einem Feuerwerk entlud, als ich Nicole flüstern hörte: »Ich bin transsexuell!«

Besorgte, ja fast ängstliche Blicke begleiteten diese drei Worte. Ich erriet, dass dies die Antwort auf meine Fragen war, auch wenn mir die Tragweite noch nicht klar war und nur vermuten konnte, was das hieß. Stück für Stück ergänzte sich das Puzzle meiner Gedanken zu einem Bild, vervollständigte sich mit jeder Sekunde, die ihre Worte in der Luft schwebten. Wie sollte ich nur in Worte fassen, dass dieser Satz die Antwort war, die ich gesucht hatte? Wie sollte ich erklären, dass ich es schon am Sonntag geahnt, ja vielleicht sogar gewusst hatte? Eine gescheite Bemerkung musste her; doch das Einzige, was mir dazu einfiel, war:

»Das weiß ich doch schon längst!«

Die Luft schien schwer wie Blei, doch gleichzeitig spürte ich eine zentnerschwere Last von Nicole abfallen. Verwirrt starrte sie mich an. Sie wollte nicht glauben, was ich soeben gesagt hatte, und stammelte nur: »Das verstehe ich nicht! Woher kannst du das wissen?«

»Ich habe es geahnt, als wir am Sonntag bei dir zuhause waren«, entgegnete ich, während ich mir eine Zigarette drehte, um Zeit zu gewinnen. So ganz spurlos war diese Feststellung doch nicht an mir vorübergegangen! Auch wenn meine Vermutung nun einen Namen trug, wurde es nicht leichter. Meine Gedanken und Gefühle rotierten, sie formulierten Antworten und vermochten doch nicht zu beschreiben, was ich wirklich dachte. Sonst war ich nicht gerade auf den Mund gefallen, das aber war eine Nummer zu groß für mich. Wie sollte ich ihr bloß begreiflich machen, dass ich es die ganze Zeit geahnt hatte? Denn mir wurde bewusst, dass es genau das war, was mich am Sonntag im Halbdunkel ihres Zimmers stutzig gemacht hatte.

»Das musst du mir erklären.«

Nicole sah mich misstrauisch an. Statt einer Antwort nahm ich sie in die Arme und ihre Tränen tropften auf mein Hemd. Vor meinem geistigen Auge erstand wieder dieser Anblick vom Sonntag, der mir nicht aus dem Sinn gekommen war. Ich sah Nicoles entblößten Körper im Dämmerlicht. Sie hatte mir den Rücken zugewandt, der irgendwie anders war, als ich erwartet hatte. Er war ungewöhnlich breit und führte hinab zu knabenhaft schmalen Hüften. Eigentlich passte er nicht zu der zierlichen Statur. Das aber war es nicht allein, was mich hatte stutzen lassen. Als Nicole sich zu mir drehte, schimmerten zwei kleine, helle Brustwarzen auf noch zierlicheren Brüsten. Der Rücken und die Brustwarzen passten so gar nicht zu dem weiblichen Körper. Aber nicht nur das! Jetzt erst fiel mir ihre tiefe Stimme auf – Nicole war transsexuell! Sie war einmal ein Mann! Sie erklärte mir, sie sei als Rainer geboren, habe sich aber immer schon als Frau gefühlt und schlussendlich durch eine Operation ihre körperliche männliche Vergangenheit hinter sich gelassen. Das war also des Rätsels Lösung!

»Bin ich denn nicht ganz Frau? Siehst du mich als Frau, oder nicht?«

Mir wurde klar, dass dies für sie eine ungleich wichtige, wenn nicht gar die ausschlaggebende Frage war. Mit einer weiteren unklaren Antwort konnte ich alles kaputtmachen. So überlegte ich fieberhaft, wie ich das begründen konnte. Zuerst hatte ich sie mit der fast beiläufigen Bemerkung verunsichert, ich wüsste, was sie mir zu sagen suchte. Und dann erklärte ich ihr genau, was an ihr nicht weiblich sei. Ich sah ein, dass sie das beunruhigen musste. Doch: Ich hatte Nicole als Frau kennengelernt. Sie war für mich eine Frau. Ihre Offenbarung änderte nichts. In den folgenden Stunden, bis weit in die Nacht hinein, entbrannte ein Feuerwerk aufgewühlter Emotionen, ein Inferno lodernder Gedanken. Ich wollte alles über sie wissen und Nicole fragte mich in allen Einzelheiten nach dem Eindruck, den sie bei mir hinterlassen hatte. Ob ich sie nach alledem noch immer als Frau sehen könne, ob sie für mich wirklich eine Frau sei? Sie war eine Frau, wenn auch mit breiten Schultern und schmalen Hüften.

Aber was machte das schon? Es gab Frauen mit einer weitaus maskulinere Ausstrahlung – und dennoch blieben sie Frauen. Allerdings hatte Nicole enorme Angst, dass jemand sie nicht so sehen könnte, wie sie sich selbst empfand. Für mich war und blieb sie eine Frau, mit all den Gefühlen und Gedanken, zu denen eine Frau fähig ist ... aber mit einer körperlichen Vergangenheit, die alles andere als weiblich war.

Es war mühsam, all ihre Fragen zu beantworten, hatte ich doch selbst noch nicht genug Zeit gehabt, es zu verstehen. Mein Vorgefühl hatte nun eine Erklärung gefunden und ich war froh, dass sie mir dieses Geheimnis anvertraut hatte.

Die Begegnung mit Nicole änderte nichts und doch alles für mich. Nach vielen Jahren der Unsicherheit und Suche hatte mein Leben endlich eine Form gefunden, wie es sein sollte. Ich fühlte lesbisch und wollte dieses Gefühl auch leben. Ich liebte und begehrte sie gerade wegen ihres Wesens, das so ganz anders war, als ich im ersten Moment hatte erkennen können. Mit ihrem Geständnis, transsexuell zu sein, kam ich erstaunlich gut zurecht. Irgendwie zählte es nicht und doch so sehr, weil es für mich so viele Fragen aufwarf. Ich sah in ihr die Frau, die sie war. Sie war zwar als Junge geboren und aufgewachsen, aber in den Tiefen ihres Ich war sie immer schon Mädchen gewesen.

Wir fanden näher zueinander, als ich zu hoffen gewagt hatte. Nach all den traurigen und hässlichen Erlebnissen kam mir Nicole wie ein Geschenk vor, das ich eigentlich nicht verdient hatte. Ihr Mann Detlef beklagte sich, dass mehr Arbeit zuhause liegenblieb, als ihm lieb war. Außerdem bestand er darauf, dass sie bei der Trauung geschworen hätten, immer zusammenzubleiben. Dabei vergaß er völlig, dass er sich selbst anderweitig orientiert hatte. Uns kam es vor, dass er allenfalls eine billige Haushälterin suchte, die seiner eigenen homosexuellen Welt eine heterosexuelle Fassade verpassen sollte. So war es nur eine Frage der Zeit, bis er in die Scheidung einwilligte. Wenn ich ehrlich war, kam es mir sehr gelegen, abends eine aufgeräumte Wohnung vorzufinden. Es hatte nie so wenig Staub auf meinen Büchern gegeben!

Nicole erzählte mir auf mein Drängen hin von dieser anderen Welt, die sie stets als Vergangenheit bezeichnete. Doch verrieten ihre Reaktionen, dass sie alles andere als wahrhaftig Geschichte war. Ungezählte Tränen vergoss sie in Erinnerung an diese schweren Zeiten, die nun schon weit mehr als ein Jahrzehnt hinter ihr lagen. Die Rückschau riss immer wieder alte Wunden auf und ich hatte sehr viel Mühe, sie zu beschwichtigen. Sie war noch zu sehr damit beschäftigt, ihren Lebenslauf, die unendliche Traurigkeit und all die Geschehnisse zu verarbeiten, von denen ich noch keine Ahnung hatte. Und ich mutmaßte, dass es noch sehr lange dauern konnte, bis dieses schmerzliche Kapitel endgültig abgeschlossen sein würde. Es gab so Vieles, dass unausgesprochen in den Tiefen ihres Selbst verborgen war. Und es klang so fantastisch, dass ich oft nicht glauben mochte, was sie mir erzählte. Doch ich liebte sie mit jeder Faser meines Herzens und nahm dafür Missverständnisse und Probleme in Kauf, die sich im Laufe der Zeit ergaben. Und ich wollte ihr helfen, mit ihrer Geschichte fertig zu werden, obwohl ich wusste, dass es nicht immer leicht sein und nicht nur von mir eine ganze Menge erwartet würde.

Nachdem wir uns in meiner kleinen Wohnung eingerichtet hatten, machte sie sich auf die Suche nach Arbeit, die bald von ersten Erfolgen gekrönt war. Und wenig später machte sie ihr Hobby, die Musik, zum Beruf und arbeitete in einem Musikgeschäft, das in der Nähe unserer neuen gemeinsamen Behausung war. Derweil erzählte sie mir viel über ihr ungeliebtes Leben als Mann, wie sie die Zeit der Erkenntnis erlebt hatte und welche Schwierigkeiten sie auf dem Weg aus dem Leben des Jungen Rainer zu der Frau Nicole hatte hinter sich bringen müssen. Wie sie sich erlebte, bis sie so war, wie ich sie kennengelernt hatte.

Eines Tages wuchs in mir das Verlangen, ihre Geschichte niederzuschreiben. Sie wollte im ersten Augenblick nichts davon wissen. Ich konnte sie verstehen, würde es doch die Auseinandersetzung mit einem Thema sein, das sie so sehr berührte. So versprach ich ihr halbherzig, diese Idee fallenzulassen, hoffte jedoch, dass sie später einmal dazu bereit war. Ich war überzeugt, dass sie sich nur dann wirklich von ihrem Vorleben lösen und damit leben konnte, wenn sie alles niederschrieb. Es reizte mich, mein bislang unerkanntes Talent einzusetzen, damit Transsexualität – das Schicksal, sich in seiner angeborenen Haut nicht zuhause zu fühlen – eine neue Form der Öffentlichkeit bekam. Es gab zwar Fachbücher und wissenschaftliche Abhandlungen über transsexuelle Menschen. Aber weder Nicole, noch ich hatten irgendwann davon gelesen, dass Betroffene selbst schilderten, wie sie sich erlebten. Und auch so war Transsexualität kaum ein Thema, das öffentlich diskutiert wurde. Es gab kein Forum für Transsexuelle und ihr Schicksal lebte im Verborgenen. So musste es aber nicht bleiben! Auch konnte ich mir lebhaft vorstellen, dass es nicht leicht sein würde, die Gesellschaft dafür zu interessieren. Ein Versuch war es allemal wert. Und wenn es nur Nicole half, endgültig einen Schlussstrich unter ihre Vergangenheit zu ziehen. Und ich konnte mein eigenes Weltbild überdenken.

Doch es vergingen viel Zeit, bis wir beide so weit waren. Damit begann mein eigentliches Problem. Wie sollte ich auf dieses Thema eingehen, von dem ich bis dahin nicht einmal gehört hatte? Mir war auch gar nicht klar, wie eine solche Biografie aussehen sollte. Nicoles Geschichte sollte zeigen, mit welchen Konflikten und Problemen Transsexuelle grundsätzlich fertig werden müssen, und es sollte ihr persönliches Leben Beachtung finden. So war ich selbst schuld und besonders viel Praxis im Schreiben hatte ich auch nicht. Zu Anfang war es schwer, diese für mich neue Thematik zu Papier zu bringen. Ich wollte nicht nur ihren Lebensweg beschreiben, sondern auch wie Rainer entdeckte, Nicole zu sein. Seine Gefühle und Fantasien sollten der Grundstock für dieses Buch sein. Sowohl sein Leben als auch das ihre wollte ich porträtieren. In beiden Leben gab es genug Schwierigkeiten, Episoden, die ich aufgreifen wollte. Sie beeinflussten Nicoles Umgang mit ihrer Geschichte und in vielen Dingen auch nachhaltig ihre Gegenwart. Deshalb wehrte sie sich auch gegen mein Ansinnen, ihren Lebens- und Leidensweg nachzuzeichnen. Ich musste erfahren, dass es für sie nicht so leicht war, sich erinnern zu wollen. Das hieß ja, die Vergangenheit wieder lebendig zu machen ...

Ein Gestern, das es für sie auch bleiben sollte! Weshalb hätte sie sonst Fotos und Dokumente vernichten sollen? Welchen Sinn hätte dann all dies gehabt? Sie wollte in ihrer neuen Welt nicht an die alte erinnert werden. Gleichwohl konnten die verbrannten Fotos nicht darüber hinwegtäuschen, dass es sie einmal gegeben hatte. Eine Handvoll sind ihr als Reminiszenz geblieben. Für Nicole bestand ihr Leben aus zwei Teilen, die sie strikt voneinander trennte. Was vor der Operation gewesen war oder mit ihrer Kindheit und Jugend zusammenhing, schien eine andere Welt, tatsächlich ein anderes Leben zu sein. Deshalb fiel es ihr auch schwer, darüber zu reden. Die Ausbeute an Erinnerungen aus ihrer Kindheit bestand zunächst nur aus einzelnen Fragmenten, Episoden und mancher Anekdote. Sie erklärte mir, dass sie nicht nur ihre Haut gewechselt, sondern auch die meisten Erinnerungen »ins Nirwana« geschickt habe, sozusagen, um die Vergangenheit und die damit verbundene männliche Identität auszulöschen. Uns war aber auch klar, dass man nicht ein paar Fotos und Dokumente verbrennt – und die Vergangenheit existiert nicht mehr!!! Und nicht das erste Mal, seit wir dieses Vorhaben begonnen hatten, spürte ich, dass die Erinnerungen sie doch noch sehr belasteten. Ich ahnte, wie sehr sie mit sich kämpfte, mir all dies zu erzählen. Gleichzeitig hoffte ich, ihr damit die Gelegenheit zu geben, ihre Probleme in den Griff zu bekommen. In der Folgezeit ermutigte ich sie deshalb immer wieder, in ihren Lebenserinnerungen zu kramen. Vielleicht kam ja doch die eine oder andere Episode zutage, die aus dem Versuch, alles niederzuschreiben, ein erfolgreiches Projekt machen konnten.

Im Laufe der Zeit wurde mir bewusst, dass Nicole nicht nur unüberwindliche Probleme mit ihrer angeborenen Rolle und ihrer Geschichte hatte. Transsexualismus berührt nicht nur das Leben, dem der Betroffene entflieht, sondern in beträchtlichem Maße auch das zweite Leben in der Haut, die dem Gefühl und der Gedankenwelt angepasst ist.

Nachwort

Dies ist die fantastisch anmutende, aufrichtige Beschreibung keines einfachen und ebenso wenig einzigartigen Lebensweges. Weitaus mehr Menschen verbindet sie mit jenem Konflikt eines Menschen wie Rainer, der seine wahre Identität zu finden sucht, und mit Nicole, die sich mit ihrer Vergangenheit arrangieren lernen muss. Sie alle erkennen früher oder später, nicht in ihre angeborene Haut hineinzugehören, eigentlich jemand anderes, d. h. transsexuell zu sein. Sie müssen lernen und schmerzvoll verstehen, wer sie sind, bzw. sein müssen. Transsexualität oder Transsexualismus bezeichnet »die psychische Identifizierung mit dem Geschlecht, das mit dem eigenen körperlichen unvereinbar ist, verbunden mit dem unbedingten Wunsch nach Geschlechtsanpassung«. Transvestismus ist »eine vom normalen Verhalten abweichende Tendenz zur Bevorzugung von Kleidung, die für das andere Geschlecht typisch ist«.

Laut Statistik gibt es mehr als 20.000 Transsexuelle (Stand 1990) in Deutschland und die Dunkelziffer beträgt ein Vielfaches. Es gibt Menschen, die eine gewisse Seelenverwandtschaft mit transsexuellem Empfinden verspüren, die sich aber mit den Gegebenheiten ihrer physischen und psychischen Existenz arrangieren. Sie finden ihr Glück schließlich doch – in ihrer eigenen Haut.

Jedes Kind beginnt, zielstrebig seinen Weg zu suchen. Und je mehr es über sich erfährt und bewusster die Welt und sein Ich erlebt, desto klarer sieht es seinen Kurs. Und stets gibt es diese innere Stimme, die es durch das Labyrinth der Erfahrungen führt und den Weg ins Leben zeigt.

In jedem Leben gibt es einen nicht näher bestimmbaren Zeitpunkt, sich, d. h. seiner Person als Ganzes bewusst zu sein. Wenn es aber bedeutet, sein bisher gelebtes Leben und die angeborene gesellschaftliche Rolle neu zu definieren oder sich erstmals wirklich zu erkennen?!

Ein Mensch, der erkennt, dass er bisher einen falschen Weg gegangen ist, ändert seinen Kurs – und damit hat es sich. Wer beispielsweise feststellt, dass er an seiner Arbeit keine Freude mehr hat, wird sich eine andere Stelle suchen oder einen neuen Beruf erlernen, von dem er sich mehr Zufriedenheit erhofft. Ein anderer wird die Trennung anstreben, wenn seine bisherige Partnerschaft zu nichts mehr führt. Alles vergleichsweise leichte Fragen.

Aber was macht ein Mensch, der feststellen muss, dass er im falschen Körper steckt? Er kann nicht diese Haut ablegen und eine andere überstreifen. – und damit hat es sich! Dieser Mensch steckt in einer Krise, die man sich nur schwer vorstellen kann, wenn man sie nicht selbst durchlebt hat. Es geht nicht allein um die Frage: Bin ich Frau oder Mann? Sondern: Wer bin ich wirklich, wo ist mein Leben, mein Weg? Dabei spielt das physische Geschlecht eine eher untergeordnete Rolle.

Diese Krise berührt das gesamte Sein und stellt unzählige Fragen nach seiner Existenz als Ganzes, als Mensch, als Individuum. Sie stellt dessen Existenz infrage. Und damit ist die Verwirrung vorprogrammiert!

Wie schwer ist es weiterzuleben, wenn die eigene Existenz infrage gestellt werden muss? Wie soll ein Kind, ein junger Mensch, das deuten? Wen hätte Rainer fragen können, als er noch unsicher war? Was auf ihn an Fragen und Zweifeln, Erkenntnissen und Fehlschlägen einstürmte, ist kaum in Worte zu fassen. Zuvor war es die Unsicherheit, nicht zu wissen, wer er war. Und als er nach Jahren darauf eine Antwort fand, kamen neue Ungewissheiten hinzu. Wohin führte nun der Weg? Was musste er jetzt tun? Welche Auswirkungen hatten das Erkennen der Transsexualität für ihn und seine Mitwelt, seine Eltern und Freunde? Gab es die Möglichkeit, allein damit fertig zu werden und damit zu leben, ohne dass sich etwas änderte? Konnte er überhaupt so weiterleben?

Für Rainer musste alles ungewiss werden, als er sich, sein Gestern, Jetzt und Morgen infrage gestellt sah. All sein Erleben und die Erfahrungen, die er bis dahin gemacht hatte, zerstoben wie der Novembernebel im ersten Frost des aufkommenden Winters. Und all jene Erwartungen, die er und seine Umwelt an seine Zukunft stellten, verloren sich in demselben Dunst, aus dem Nicole auftauchte. Er war hin und hergerissen zwischen Fragen und Zweifeln. Dieser Konfrontation mit seinem weiblichen Ich, dem er den Namen Nicole gegeben hatte, folgte der Verlust persönlicher Identität und Selbstbewusstsein, so wie die Einbuße familiärer Bindungen und Freundschaften. Das machte seine Suche zu einem langen, einsamen Weg, der gerade deshalb noch viel schwerer wurde.

»Ich wusste, dass irgendetwas nicht stimmte, nicht stimmen konnte. All die Jahre hatte ich es gespürt; nur einen Namen fand ich nicht dafür. Die Gedanken und Gefühle befanden sich in einem luftleeren Raum und je mehr ich von mir erfuhr, desto leerer und farbloser wurde die Hülle, in der meine Seele steckte. Ich suchte etwas, von dem ich nur eine undeutliche Ahnung hatte. Ich befand mich in einer Welt, in der ich mich nicht glücklich fühlte, nicht glücklich fühlen konnte; ich wusste nur nicht, warum.«

In vielen Gesprächen mit ihr erfuhr ich von Betroffenen, die erst im Erwachsenenalter erkannten, ihr bisheriges Leben in der falschen Haut und unter falschen Voraussetzungen gelebt zu haben. Sie finden womöglich viel eher einen Namen für ihr Gefühl. Rainer war noch ein Kind gewesen, als Nicole in sein Leben trat. Während ich darüber nachdenke, kann ich die unermessliche Trauer, Angst, Wut und Verzweiflung fast nachempfinden, als Rainer feststellen musste, Nicole zu sein. Rückblickend betrachtet beneide ich ihn gewiss nicht, wenn ich mir vorstelle, wie einschneidend diese Erkenntnis gewesen sein musste. Einesteils hatte er das Wissen, nicht Rainer zu sein, andererseits begann jetzt erst Nicoles wirkliches Leben. (1995)

Diese Biografie (1950er bis 1970er Jahre) würde aus heutiger Sicht anders aufgeschrieben werden können und vielleicht auch müssen – weil sich die gesellschaftlichen Rahmenbedingungen, die medizinisch-psychologischen sowie die rechtlichen Voraussetzungen geändert haben – aber aus Rücksicht auf Nicoles persönlichen Erlebnisse, die an mancher Stelle unverständlich und unvollständig scheinen, habe ich die Fakten nicht »modernisiert«.

Ich sehe es als eine Art Zeitdokument, dem ich seinen »Charakter« gelassen habe, da ich weder etwas streichen noch hinzufügen konnte, ohne ALLES in Frage zu stellen. Dieses Buch ist, wie ich Nicoles Leben damals kennengelernt habe: in Teilen schrecklich unperfekt.

Nachdem ich eine Idee gefunden hatte, wie ich das Erzählte zu Papier bringen konnte, dauerte es ganze drei Jahre, aus den Fragmenten ihrer Erinnerung und den Fakten ein Skript zu machen. Das blieb es über zwei Jahrzehnte auch. Erst heute, mit dem nötigen Abstand, wurde daraus eine Biografie, die den

Namen auch verdient. So schwer mir das Aufschreiben damals mitunter fiel, so viel schwerer hatte ich es im realen Leben mit ihrer »Geschichte«. Die größte Schwierigkeit war, all mein Wissen um ihre Geschichte nicht in den Alltag mitzunehmen. Obwohl manche ihrer Marotten, Ängste und Probleme zwischenmenschlicher Art gerade darauf zurückzuführen waren ... Sie hat es mir nicht immer leicht gemacht, sie uneingeschränkt als Frau zu sehen... So sehr sich Jeder wünscht, als „normal" angesehen zu werden, so wenig war es mir und unserem Umfeld immer möglich .... Es war eine ganz subjektive Angelegenheit.

Jeder, der eine vom Grundsatz her ähnliche Biografie hat, mag sich schwer damit tun, objektiv zu bleiben, weil diese Geschichte jeden auf die eine oder andere Art betrifft, berührt und manchmal auch wütend macht.

Trotz allem hat diese »Geschichte« endlich einen würdigen Rahmen und hoffentlich auch ein ebensolches Ende.

So mündet hier meine ganz persönliche Betroffenheit – nach einem halben Leben für ein ganzes. ENDE.

 Geboren 1964, aufgewachsen am Niederrhein, lebt und schreibt sie heute mit ihrer Lebenspartnerin im Süden Ungarns. Eine Vielzahl an Geschichten ist entstanden, mal nachdenklich, mal humorvoll. Einige ihrer Kurzgeschichten und Gedichte wurden in Anthologien „für gute Zwecke" in Deutschland und Österreich sowie in Literaturzeitschriften abgedruckt. Inzwischen sind fünf Bücher – überwiegend Kurzgeschichten – im Selbstverlag erschienen. https://katharinakraemer1.wordpress.com/

Cabo da Roca – Fels der Entscheidung
Autobiografie (Taschenbuch/Ebook)
ISBN 9783741208218

Der falsche Rinderhirte in der wilden Puszta
Kurzgeschichten (Taschenbuch/Ebook)
ISBN 9783741272448

Die Glückseligkeit des Himmels
Kurzgeschichten (Taschenbuch/Ebook)
ISBN 9783744854467